PAULO VIZIOLI
*Introdução, seleção, tradução e notas*



**EDIÇÃO BILÍNGUE**

# WILLIAM BLAKE

## POESIA E PROSA SELECIONADAS

Editora Nova Alexandria
São Paulo
2025

Editora Nova Alexandria
Rua Engenheiro Sampaio Coelho, 113
04261-080 - São Paulo - SP
Fone: (11) 2215-6252
Site: www.editoranovaalexandria.com.br
E-mail: vendas@novaalexandria.com.br

*Coordenação Editorial:* Rosa Maria Zuccherato
*Editoração Eletrônica:* Bruna Kogima
*Capa:* Bruna Kogima

**Dados Internacionais de Catalogação na Publicação (CIP)**
Tuxped Serviços Editoriais (São Paulo, SP)

**Blake,** William, 1757–1827
William Blake: poesia e prosa selecionadas / introdução, seleção, tradução e notas de Paulo Vizioli; - 2. - ed. São Paulo, SP: Nova Alexandria, 2025.
160 p.; il.;

Edição bilíngue
ISBN 978-85-7492-529-5

1. Poesia inglesa. 2. Romantismo - Inglês. 3. Pré-romantismo - Inglês. I. Título. II. Vizioli, Paulo.

**CDD 821**

**ÍNDICES PARA CATÁLOGO SISTEMÁTICO**

**1.** Poesia inglesa

*"Ah! Girassol, do tempo cansado,*
*Tu que medes do Sol a passagem,*
*À procura do clima dourado*
*Onde finda o viandante a viagem!*

*Aonde a Moça em mortalha de neve,*
*Aonde o Jovem que ardeu por amar*
*Sonham, vindos da tumba, ir em breve, —*
*Lá o meu Girassol quer chegar."*

# WILLIAM BLAKE

## POESIA E PROSA SELECIONADAS

# SUMÁRIO

**WILLIAM BLAKE: FROM POETICAL SKETCHES .........28**
**DE ESBOÇOS POÉTICOS ..................................29**

To The Evening Star ........................................30
À Estrela Vespertina ........................................31
Song ........................................................32
Canção ......................................................33
Mad Song ....................................................34
Canção Demente .............................................35
To the Muses ................................................38
Às Musas ....................................................39

**FROM SONGS OF INNOCENCE ...........................40**
**DE CANÇÕES DA INOCÊNCIA ............................41**

Introduction ................................................42
Introdução ..................................................43
The Lamb ....................................................44
O Cordeiro ..................................................45
The Little Black Boy .......................................46
O Negrinho ..................................................47

The Blossom ........................................................ 50
A Floração ........................................................ 51
The Chimney Sweeper ........................................................ 52
O Limpa-Chaminés ........................................................ 53
The Divine Image ........................................................ 56
A Imagem Divina ........................................................ 57
Infant Joy ........................................................ 58
Alegria Infantil ........................................................ 59

**FROM SONGS OF EXPERIENCE ........................................................ 60**
**DE CANÇÕES DA EXPERIÊNCIA ........................................................ 61**

Introduction ........................................................ 62
Introdução ........................................................ 63
Earth's Answer ........................................................ 64
A Resposta da Terra ........................................................ 65
The Clod & the Pebble ........................................................ 68
O Torrão e o Seixo ........................................................ 69
The Chimney Sweeper ........................................................ 70
O Limpa-Chaminés ........................................................ 71
The Sick Rose ........................................................ 72
A Rosa Doente ........................................................ 73
The Tyger ........................................................ 74
O Tigre ........................................................ 75
Ah Sun-Flower ........................................................ 78
Ah! Girassol ........................................................ 79
The Garden of Love ........................................................ 80
O Jardim do Amor ........................................................ 81
The Little Vagabond ........................................................ 82

O Pequeno Vagabundo ........................................ 83
London ........................................................ 84
Londres ....................................................... 85
The Human Abstract .......................................... 86
O Abstrato Humano ........................................... 87
Infant Sorrow ................................................ 90
Tristeza Infantil ............................................ 91
A Poison Tree ................................................ 92
Uma Árvore de Veneno ........................................ 93

**FROM THE "ROSSETTI" MANUSCRIPT .................... 94**
**DO MANUSCRITO "ROSSETTI" ............................ 95**

I Saw a Chapel All of Gold .................................. 96
Vi uma Capela toda de Ouro ................................. 97
I Asked a Thief .............................................. 98
Pedi a um Ladrão ............................................. 99
(Scoffers) ................................................... 100
(Mofadores) .................................................. 101

**FROM THE AUGURIES OF INNOCENCE ................ 102**
**DE AUGÚRIOS DA INOCÊNCIA .......................... 103**
**FROM THE FRENCH REVOLUTION ........................ 108**
**DE A REVOLUÇÃO FRANCESA ............................ 109**
**FROM THE MARRIAGE OF HEAVEN AND HELL ......... 114**
**DE O CASAMENTO DO CÉU E DO INFERNO ............ 115**

The Argument ................................................ 116
O Argumento ................................................. 117

The Voice of the Devil ........................................ 120
A Voz do Demônio ........................................ 121
Proverbs of Hell ........................................ 124
Provérbios do Inferno ........................................ 125

*OPPOSITION is true Friendship* ........................ 132
*OPOSIÇÃO é a verdadeira Amizade.* ........... 133

**FROM MILTON ........................................ 136**
**DE MILTON ........................................ 137**

And did those feet in ancient time? ........................ 138
Seus pés já caminharam no passado? ................... 139

**FROM JERUSALEM ........................................ 140**
**DE JERUSALÉM ........................................ 141**

(Invocation: Chapter I) ........................................ 142
(A Invocação do Capítulo I) ................................... 143

**NOTAS ........................................ 152**
**BIBLIOGRAFIA ........................................ 159**

# WILLIAM BLAKE:

## O POETA E O VISIONÁRIO

Advento da Revolução Industrial acarretou transformações profundas na vida econômica, política e social da Inglaterra, na segunda metade do século XVIII. A expansão do comércio, o aperfeiçoamento dos processos mecânicos, a exploração das minas de carvão e a instalação das primeiras fábricas têxteis determinaram o enriquecimento da burguesia, levando-a a reivindicar participação cada vez maior na vida política do país, em detrimento da antiga aristocracia e dos demais proprietários de terras. Por outro lado, aceleraram o fenômeno da urbanização e, o que é pior, da suburbanização, praticamente esvaziando os campos e as aldeias e arrastando os lavradores e artesãos para os centros industriais em desenvolvimento, onde formariam a grande massa de proletariado, impiedosamente explorada pelos novos sistemas de produção. A passagem de uma economia essencialmente agrícola para uma economia industrial deu origem, portanto, a problemas sociais muito graves, aos quais não podiam ficar indiferentes os escritores do período. Os mais insatisfeitos com a situação foram os integrantes da assim chamada "nova literatura da sensibilidade", também conhecidos como pré-românticos. Numa época em que a filosofia, as letras e as artes estavam todas sob a égide da Razão, era natural que esses autores vissem as mazelas da nova ordem como produtos de uma concepção cerebral da política, da sociedade e da própria vida. Por isso, começaram por opor o subjetivismo emocional ao objetivismo racional dos neoclássicos. Sua tarefa era dupla: de uma parte, deveriam encontrar uma alternativa para o ambiente urbano, a industrialização e o capitalismo incipientes que condenavam; e, de outra, deveriam forjar uma linguagem nova, que exprimisse eficazmente as suas inquietudes e substituísse com vantagem os padrões literários vigentes, calcados artificialmente nos modelos gregos e latinos. O último problema foi solucionado com o retorno à simplicidade das formas poéticas populares. O primeiro, com a volta à natureza.

Essa busca da natureza, propugnada pelo Conde de Shaftesbury, o precursor inglês de Rousseau, encontra suas primeiras manifestações poéticas na obra de autores ainda ligados ao neoclassicismo, como James Thomson, Thomas Gray e William Collins. O apego à natureza, baseado na fé incondicional em sua ação purificadora — que torna o homem bom, enquanto a sociedade o corrompe —, pode, entretanto, levar o poeta a um distanciamento da realidade e a uma fuga a qualquer comprometimento. Em outras palavras, pode levá-lo ao escapismo. E foi isso o que de fato aconteceu a alguns, entre os quais os seguidores de Edward Young e os integrantes da "graveyard school", que se isolavam do mundo e faziam as suas meditações noturnas nos cemitérios de aldeia. Mas nem todos foram vítimas desse perigo. Thomas Chatterton e James MacPherson (Ossian), por exemplo, descobrindo a voz da natureza também na espontaneidade das expressões poéticas do povo, procuraram no passado as suas raízes, explorando, respectivamente, o lirismo das canções medievais e as vigorosas narrativas de uma idade heroica. George Crabbe, por sua vez, demonstrou a sua simpatia pelos filhos da natureza, os simples e os oprimidos, com um realismo bastante incomum na época. E simpatia maior ainda foi manifestada por Robert Burns, que chegou a pregar abertamente a necessidade da Revolução. Nenhum deles, contudo, teve tanto ímpeto revolucionário e foi tão radical em suas atitudes quanto William Blake. Blake possui muitos pontos em comum com os demais pré-românticos e com os grandes românticos que o seguiram. Como eles, prefere a emotividade à razão, e é por "inspiração" que cria as suas obras; como eles, opta pela simplicidade e pelas formas poéticas de sabor popular; e, como eles, exalta a natureza e a espontaneidade. Aliás, seu amor à infância — como aconteceria mais tarde a Wordsworth — deriva substancialmente de sua visão da criança como um ser que a sociedade ainda não teve tempo de corromper e que, por isso, encarna a própria inocência natural. Mas, ao lado desses traços comuns, mostra ele algumas características que não só o individualizam, mas também o tornam uma das vozes mais poderosas e significativas do romantismo inglês, como a precisão das imagens e a funcionalidade dos símbolos, a energia dos ritmos e a força profética, o senso da realidade e a acuidade psicológica, a profundidade das ideias e a complexidade da visão cósmica.

O mais admirável em Blake é que, para desenvolver todas essas qualidades, ele não contou praticamente com aquilo que os ingleses chamam de "educação formal". Nascido em Londres, em 1757, filho de um negociante de armarinhos, a única escola que conheceu foi a Academia Real de Artes, que teve a oportunidade de frequentar por breve período, após um curso elementar de desenho. Recebeu, portanto, algum preparo como artista plástico. Mas a outra faceta de seu gênio, a literária, teve que se moldar com base nos modelos fornecidos por leituras feitas ao acaso, e que incluíam autores como Spenser, Shakespeare, Milton e alguns poetas do início do século XVII, além de diversos contemporâneos, entre os quais Ossian, Chatterton e William Collins.

O primeiro livro de poesias de Blake, Esboços Poéticos, — contendo trabalhos escritos dos 12 aos 20 anos, mas publicado somente em 1783 —, revela muito bem aquelas influências. É o que se observa, por exemplo, no poema "À Estrela Vepertina", com uma força pictórica que lembra Spenser; ou em "Às Musas", uma crítica do autor à produção poética de seu tempo vazada em linguagem miltoniana; ou mesmo em "Canção Demente", com nítidas ressonâncias do Rei Lear de Shakespeare, notadamente das canções do Bobo do Rei nas cenas de loucura e tempestade. Entretanto, é preciso convir que, não obstante a imaturidade, não se trata de uma obra exclusivamente derivativa, pois as imagens, os símbolos e as atitudes contêm alguns elementos que já trazem a marca registrada de Blake. Podemos verificar isso não só no último poema citado, mas também em vários outros, como a "Canção" que se inicia com o verso "De campo em campo errava eu docemente", e que, ao narrar a história do menino ingênuo (ou pássaro) que se deixa ludibriar pelo Príncipe do Amor, denuncia o mal em termos não muito distintos dos que o Blake maduro empregaria nas Canções da Experiência. Antes de lá chegarmos, contudo, temos que passar pelas Canções da Inocência, que são de 1789.

As Canções da Inocência constituem um volume importante por vários motivos. Um deles é que, pela primeira vez, o artista plástico e o poeta que existiam em Blake se reuniram para produzir uma obra de maior escopo. Trabalhando com um método de sua própria invenção, à base de cera e de ácido, Blake começava por gravar o texto e as ilustrações em placas de cobre, que depois serviam para a impressão das páginas. A seguir, os desenhos eram coloridos à mão, num labor minucioso e lento, no qual o autor contava com a colaboração da esposa, Catherine Boucher, uma jovem simples e analfabeta com quem se casara aos 24 anos, e a quem ensinara a ler e a pintar. Devido à complexidade do processo, não atinge três dezenas o número de exemplares conhecidos dessa primeira edição do livro. Em compensação, o manuseio do volume em sua forma original constitui uma experiência estética única, muito mais rica e gratificante que a proporcionada pelos textos usuais.

Outro motivo da relevância das Canções da Inocência é que elas nos oferecem o primeiro contato com o aspecto religioso em William Blake, que haveria de culminar mais tarde nos seus sonhos visionários. Blake, na verdade, sempre foi um místico. Já aos quatro anos afirmava ter visto Deus ao olhar pela janela do quarto. Depois, menino e adolescente, dizia avistar-se com os profetas bíblicos em seus passeios pelos campos nos arredores de Londres. Chegou mesmo a levar severa surra da mãe quando lhe contou que havia conversado com o profeta Ezequiel. Mas nada o fazia mudar. Continuou a ter e a descrever as suas visões (que, conforme nos adverte o seu senso de humor, nunca devemos tomar ao pé da letra); a sua leitura predileta continuou a ser a Bíblia; e o seu interesse pela literatura mística — como as obras de Paracelsus e de Jakob Böhme — aumentava sempre. Posteriormente, também o famoso visionário sueco Swedenborg, muito estudado e discutido na época, chamou a sua atenção. E foi sob essas influências que as Canções da Inocência foram escritas.

À primeira vista, o volume se parece com uma daquelas obras didático-religiosas para crianças, muito comuns naquele tempo, no estilo da conhecida coletânea de Isaac Watts. Mas é uma falsa impressão, pois a associação de características infantis (como o ritmo bem marcado, as repetições constantes, as aliterações óbvias e o vocabulário simples) com aspectos adultos (como o domínio da forma e as sugestivas implicações simbólicas) mostra que o autor visava a um público bem mais amplo. E a esse público ele anuncia o mundo da inocência, intimamente ligado à natureza e à renúncia cristã, e retratado através de uma série de identificações. A "Introdução", ao mesmo tempo em que contém o relato simbólico de como o poeta escreveu a obra através do elemento romântico e religioso da "inspiração", nos dá, de imediato, uma ideia do complexo entrelaçamento dessas identificações: o jovem flautista é, simultaneamente, o artista, o poeta e o homem adulto; como é igualmente pastor, relaciona-se com a figura divina de Cristo, o Bom Pastor; mas, como Cristo foi também o Menino Jesus e o Cordeiro de Deus, o flautista, através dele, se associa à criança, que aparece na nuvem, e com o cordeirinho, a respeito do qual é convidado a cantar. Desse modo, o homem se identifica com a criança, com a natureza e com Deus, em união mística no reino da serena felicidade. O mesmo tema reaparece em "O Cordeiro", poema de estrutura um pouco mais elaborada, em que uma criança, através de perguntas e respostas, catequiza um cordeirinho a respeito de Jesus Cristo. E outras formas de comunhão aparecem no volume: em "A Floração", por exemplo, o narrador ("Junto a meu peito"), plasmado com o mundo vegetal (a floração), acolhe o mundo animal, tanto nos momentos festivos ("o pardal") quanto nos tristes (o "pintarroxo"); e, em "A Imagem Divina", o homem se funde com Deus através das "virtudes de deleite" — a Mercê, a Piedade, a Paz e o Amor. O deleite, de fato, é o prêmio que nos reserva a inocência. Tão grande então é nossa ventura, que até as mães descobrem os nomes para os filhos na alegria que eles sentem (como em "Alegria Infantil").

A presença de Cristo como Cordeiro de Deus —, isto é, como vítima sacrificada em benefício dos homens — sugere, entretanto, que a violência e a crueldade também existem, e o poeta não pode continuar a ignorá-las. E em "O Limpa-Chaminés", a honestidade e o espírito realista de Blake nos mostram a inocência a se defrontar com a dor e a opressão, na pessoa de um pequeno órfão que não só aceita, com resignação cristã, o trabalho pesado e sujo que lhe impõem, mas também conforta os companheiros de infortúnio. Do ponto de vista estético, o poema deixa algo a desejar, pecando talvez por excesso de didatismo. Mas não há como negar a sua importância à vista do material explosivo que encerra, com o seu tocante quadro de exploração humana e com as tensões sociais que permite entrever. Outro texto com tema parecido é "O Negrinho", se bem que a questão focalizada seja a do preconceito racial. Por enquanto, porém, ainda há submissão, e o autor ainda nos quer fazer crer que, por causa dela, é mais triunfante a afirmação da alegria visionária.

Para muitos, a solução sugerida pode não ser satisfatória. Para o próprio Blake, entusiasmado com a Revolução Francesa, — que eclodia exatamente no ano do aparecimento de Canções da Inocência —, o gesto de oferecer a outra face também não mais parecia satisfatório. Melhor seria lutar, enfrentar a realidade; e não fugir da refrega, como fez a temerosa personagem de seu belíssimo Livro de Thel, igualmente de 1789. Mas como reagir sem romper os ditames da religião? Como reconciliar a Revolução com Cristo?

A única saída era reinterpretar a figura de Cristo. Afinal, se a Revolução estava certa (e para quem, como Blake nos versos iniciais de sua obra em sete livros, A Revolução Francesa [1791], a descreveu como uma "alvorada" que "nos chama de torpores de cinco mil anos", só podia estar), era evidente que a imagem de Jesus tinha sido distorcida, pois, sendo ele a perfeição, não poderia haver conflito. Consequentemente, Cristo não mais deveria encarnar a submissão, mas a revolta; e o seu símbolo não mais deveria ser o Carneiro, porém, o Tigre. O primeiro era a visão da criança inocente, alheia à realidade; o segundo, a do experiente adulto, que conhece o sofrimento. E como as diferenças entre as duas visões são profundas, o poeta se sentiu compelido a retornar aos temas de seu volume anterior e a abordá-los do ângulo oposto. E foi assim que surgiram, no ano de 1794, as suas Canções da Experiência.

Antes disso, porém, em 1793, Blake dera a lume outro trabalho, O Casamento do Céu e do Inferno, o mais acessível de seus "livros proféticos", no qual expõe, com maior clareza, os conceitos que desenvolve de forma poética nas Canções da Experiência. Em vista disso, é sempre aconselhável abordá-lo em primeiro lugar. E é o que faremos aqui.

Logo no início da obra, Blake declara a sua rejeição das ideias de Swedenborg, ironicamente retratado como "o Anjo assentado no sepulcro" de Jesus. Concomitantemente, renuncia à doutrina do cristianismo tradicional, que para ele não passa de uma maldosa falsificação dos princípios de Cristo. É esse cristianismo tradicional que ensina — como lemos em "A Voz do Demônio" — que o homem possui uma alma e um corpo completamente distintos e separados; e que a alma se relaciona com o Bem e o Céu, enquanto o corpo se associa ao Mal e ao Inferno. Blake agora vê essa separação como uma ruptura da integridade do homem, como a sua verdadeira "queda" do paraíso, uma vez que ele só pode ser feliz quando as duas partes são aceitas e agem simultaneamente. Ademais, se alguma delas tivesse que ser rotulada de "boa", não seria por certo a alma, que, sede da Razão, é essencialmente reguladora e restritiva, e sim o corpo, que, sede da Energia Primitiva, é fundamentalmente criador e prolífico. Por isso, Blake preferia colocar-se ao lado do Inferno e da Energia, como, aliás, todos os grandes artistas criadores, a começar pelo próprio Milton, o autor do Paraíso Perdido, que, mesmo puritano, "era um poeta de verdade, e do lado do Demônio, embora não o soubesse". Também o verdadeiro Cristo se identificava com a Energia, pois, conforme vemos em "Uma Fantasia Memorável" (título que é uma paródia das "Relações Memoráveis" de Swedenborg), ele "era todo virtude, e agia por impulso, não por regras". Dessa forma, Blake se irmanava com Milton e Cristo na luta do Inferno e da Energia contra a tirania do Céu e da Razão. Os defensores desta, muito ardilosos — visto que "o fraco na coragem é forte na esperteza" —, pregam sempre a renúncia e a submissão, dominando a humanidade por meio da religião e criando os regulamentos e todas as opressões e injustiças sociais. São eles a "serpente insinuante" que, em "O Argumento", poema que abre O Casamento do Céu e do Inferno, "se arrasta em doce humildade". Mas o "justo que se enraivece nos ermos" está pronto para se rebelar, e "as nuvens famintas sobre o abismo" prenunciam a Revolução. Neste ponto, é preciso ressaltar, porém, que a libertação preconizada não se restringe ao âmbito político, estendendo-se, como bem o demonstram os "Provérbios do Inferno", aos campos da religião, das instituições sociais (como o matrimônio), e da psicologia, em que o poeta se revela, às vezes, legítimo precursor de Freud (haja vista o provérbio: "Melhor matar uma criança no berço que acalentar desejos insatisfeitos"). Com essa nova visão da realidade, as discrepâncias entre a crença e o espírito de rebelião desaparecem, e a Revolução e Cristo se identificam.

Convém assinalar, todavia, que toda essa ênfase que Blake faz recair sobre a Energia criadora decorre de uma necessidade dialética, de uma exigência de compensação imposta por uma época sob o domínio excessivo da Razão. Na verdade, porém, o que ele pretende é a coexistência dos dois extremos, ou seja, do Prolífico, que produz, e do Devorador, que consome. Mesmo porque, como diz o poeta, "o Prolífico (...) deixaria de ser Prolífico, se o Devorador, como um mar, não mais recebesse o excesso de suas delícias". Não é à toa que o título da obra fala em "casamento" — ainda que se trate de um casamento bastante estranho, fundamentado na eterna, mas equilibrada, hostilidade entre as partes, ao invés de em sua união. Afinal, "a oposição é a verdadeira amizade", pois "sem contrários não há progressão".

Em vista de tudo isso, podemos afirmar que as Canções da Experiência não eliminam, ou substituem, as Canções da Inocência; elas apenas as completam, oferecendo-nos o reverso da medalha. As duas obras devem ser lidas em conjunto, pois as suas posições adquirem maior validade quando encaradas como a reprodução de "estados contrários do espírito humano". Se as Canções da Inocência representam a voz do Céu, ou da Razão, as Canções da Experiência transmitem a voz do Inferno, ou da Energia — seja a manifestar a sua pujança natural, seja a exprimir o seu inconformismo por se encontrar em grilhões. É o que se percebe logo na "Introdução", em que, em lugar da alegria do flautista juvenil, temos o lamento do Bardo idoso, profeta experiente, que conhece toda a evolução da humanidade desde a sua criação. O Verbo Sagrado, a que ele se refere, outro não é senão o Jeová da Bíblia, a Razão opressora, que, não obstante o seu pretenso poder ("que pode controlar/até o polo estelar"), fica a chorar no jardim do Éden (o "pomar antigo"), convocando de volta "a alma perdida", e tentando com ardis e promessas vãs preservar o seu domínio sobre o homem. Mas tudo o que ele oferece em troca da submissão são confortos limitados, que ele assegura apenas "até que rompa o dia", isto é, o dia da Revolução, que sabe estar próximo. Por isso mesmo, em "A Resposta da Terra", seu apelo é rejeitado.

Algumas canções do volume apresentam o protesto de Blake contra os grilhões morais e religiosos; outras se voltam mais especificamente contra os grilhões políticos e sociais. Entre as primeiras, podemos mencionar "O Torrão e o Seixo", que contrapõe os conceitos de Amor do Devorador e do Prolífico; "O Jardim do Amor", em que é mais que evidente a repulsa aos tabus sexuais estabelecidos pela religião; "A Rosa Doente", o reverso de "A Floração", canção na qual o verme, também com fortes conotações sexuais e simbolicamente relacionado com a serpente traiçoeira, destrói a rosa, emblema da beleza e do júbilo naturais; "Tristeza Infantil", a contraparte de "Alegria Infantil", que mostra até no recém-nascido os efeitos psicológicos negativos do casamento cristão convencional; "O Abstrato Humano", reformulação de "A Imagem Divina", com sua concepção das "virtudes de deleite" como subprodutos do egoísmo do homem racional; "Uma Árvore de Veneno", uma visão mais amarga ainda dos filhos da Razão; e, finalmente, "O Pequeno Vagabundo", com sua mensagem bastante óbvia. Entre as canções de maior enfoque político e social, podemos lembrar a nova versão de "O Limpa-Chaminés", em que o pequeno protagonista é inconscientemente oprimido pelos próprios pais, vítimas, por sua vez, da opressão institucionalizada; e, principalmente, o excelente poema "Londres", com sua visão realista e até chocante das chagas da sociedade contemporânea.

Nenhuma canção de Blake supera, contudo, a força e a beleza de "O Tigre", a contraparte de "O Cordeiro". O poema é inteiramente constituído por perguntas, como a indicar que o mundo da experiência é um mundo de dúvidas e incertezas, ao contrário do reino da inocência, onde, se fazemos indagações (como em "O Cordeiro), geralmente obtemos respostas. Entretanto, mais que a sensação de insegurança do homem, o que os seus versos nos comunicam é a impressão de uma energia incontrolável, presente nas imagens de violência, na insistência das consonâncias e das aliterações, e no impiedoso martelar do ritmo, sugerindo às vezes o fragor de uma forja infernal. E tinha que ser assim, pois o Cristo que o Tigre representa é a própria Energia criadora. Por isso, é uma luz e uma chama em meio às trevas da opressão; age por impulso e não obedece a regras —, o que torna assustadora a sua própria "simetria"; transcende o mundo e desbarata os esquadrões dos astros, símbolos da ordem e da Razão. Não obstante toda essa pujança, porém, fica implícito que a Energia é apenas um aspecto da realidade, e deve ser considerada em conjunto com a sua contraparte: "Quem te fez, fez também o Cordeiro?". E as razões dessa necessidade já nos foram fornecidas pelo Casamento do Céu e do Inferno. Por fim, também merece atenção (além de "O Tigre"), como expressão da beleza da Energia Primitiva, o poemeto "Ah! Girassol".

Durante a composição das três últimas obras focalizadas, Blake atravessava uma fase relativamente tranquila em sua vida. Alguns anos antes, ele perdera o pai e o irmão caçula, mudara-se várias vezes, e tivera uma experiência fracassada como impressor. Mas, depois que começou a dar aulas particulares de desenho, sua situação financeira se estabilizou, e ele pôde se dedicar à criação literária durante muitos anos seguidos. Várias canções escritas nessa época (1790-1810), versões diferentes das publicadas em 1794 ou poemas ligados a elas no espírito e na temática, foram registradas num caderno que, por ter ido depois parar nas mãos do poeta e pintor Dante Gabriel Rossetti, ficou conhecido como Manuscrito "Rossetti" (publicado em 1863 e, em edição corrigida, em 1935). Esse texto é representado neste livro por quatro obras: "Vi uma Capela toda de Ouro", que novamente retrata a indignação do autor pela violação (apresentada em termos de penetração sexual) dos símbolos da Inocência por parte da serpente da Razão; "Pedi a um Ladrão", sobre a força corruptora dos "anjos" do céu, associados à mesma serpente; "Mofadores" e "Augúrios da Inocência" (excertos). Em torno de 1800, entretanto, os problemas já ressurgiam; o poeta e a mulher se transferiram então para Felpham, a convite de William Hayley. Três anos mais tarde estavam de regresso a Londres, abrindo-se assim a última fase da carreira literária de Blake, que se estendeu até 1820. Depois dessa data ele se voltou quase que exclusivamente para os trabalhos de gravação e de pintura; e, cercado pela admiração de um pequeno mas dedicado grupo de amigos, veio a falecer em 1827, aos setenta anos de idade.

Essa última fase literária é certamente a mais complexa, a mais obscura e a mais controvertida de todas. É a época dos grandes "livros proféticos", como As Visões das Filhas de Álbion, América, Europa, O Primeiro Livro de Urizen, O Livro de Ahania, O Livro de Los, Os Quatro Zoas, Milton — em cujo Prefácio se insere o belo poema lírico "Seus pés já caminham no passado?", aqui reproduzido —, e, por fim, Jerusalém, com suas proporções épicas. Impaciente com todas as restrições — e coerentemente com sua declarada intenção de abrir caminho para a libertação do Homem Universal —, o autor procurou, nessas obras, reduzir ao mínimo a sua sujeição às convenções formais. Assim, substituiu ele a métrica tradicional por um verso "livre" de sua própria invenção, geralmente constituído por sete acentos fortes e um número indeterminado de sílabas. Também o conteúdo foi renovado, passando por algumas sensíveis mudanças de enfoque. É verdade que as divindades ainda continuam sendo encarnações das características humanas, que a "queda do homem" ainda é causada pela tirania da Razão sobre a Energia, e que a "redenção" se verifica apenas através da recuperação da integridade perdida. Mas agora o embate das forças opostas tem lugar cada vez menos no âmbito político e social, e cada vez mais adquire amplitude cósmica. E a chave libertadora já não é tanto a Revolução quanto a Imaginação Humana, a cujo serviço se coloca Blake, o Bardo-Profeta. Além disso, todas as forças em conflito são representadas por seres imaginários, com desdobramentos e estágios diversos, dentro de um sistema mitológico pessoal e hermético. Assim, o Homem Universal se divide em quatro demiurgos ou "Zoas", chamados Tharmas, Luvah, o criativo Urthona e o cerebral

Urizen, cada qual com seus "Espectros" masculinos — suas manifestações após a "queda" —, e com suas "Emanações" femininas. A própria "queda" conhece quatro estágios, passando da integridade do Éden para a desintegração total de Ulro através das fases intermediárias de Beulah e da Geração. É o que vemos em Jerusalém, onde Álbion, que tanto representa a Inglaterra quanto o Homem Universal, se encontra separado de sua Emanação, fechado em seu egoísmo cerebral, no Sono de Ulro. Seu encontro com Jerusalém significará a volta ao Éden, a reintegração do Homem. E é isso que o autor profetiza no final do poema.

A obscuridade dos "livros proféticos" e seu estilo excessivamente túrgido tendem a afastar o leitor comum; mas não chegam a comprometer o mérito da obra de Blake no seu conjunto. O seu valor, aliás, pode ser aquilatado pelo grande impacto que ela ainda causa e, sobretudo, pela influência que exerceu em toda a literatura posterior. Whitman, por exemplo, deixou-se empolgar pela romântica identificação do poeta com o profeta, e seus versos livres devem algo ao modelo de Blake; Ezra Pound, em seu anseio de objetividade, inspirou-se parcialmente nos poemas líricos do primeiro período, para desenvolver a técnica das "máscaras poéticas" ou "personae"; Yeats o seguiu com suas "visões"; T. S. Eliot extraiu dele alguns dos símbolos centrais de sua poesia; D. H. Lawrence recriou, com os seus conceitos de "consciência mental" e "consciência do sangue", a oposição entre a Razão e a Energia; e James Joyce pode ter recebido das personagens metamórficas de Jerusalém a sugestão e o estímulo para o sonho fantástico de Finnegans Wake. Muitos outros exemplos poderiam ser arrolados aqui, mostrando como os trabalhos de Blake incendiaram a imaginação de outros autores. Mas esses são mais que suficientes para atestar a vitalidade e a grandeza de sua obra literária.

# FROM POETICAL SKETCHES

# DE ESBOÇOS POÉTICOS

# TO THE EVENING STAR

*Thou fair-hair'd angel of the evening,*
*Now, while the sun rests on the mountains, light*
*Thy bright torch of love; thy radiant crown*
*Put on, and smile upon our evening bed!*
*Smile on our loves; and, while thou drawest the*
*Blue curtains of the sky, scatter thy silver dew*
*On every flower that shuts its sweet eyes,*
*In timely sleep. Let thy west wind sleep on*
*The lake; speak silence with thy glimmering eyes,*
*And wash the dusk with silver. Soon, full soon,*
*Dost thou withdraw; then the wolf rages wide,*
*And the lion glares thro' the dun forest:*
*The fleeces of our flocks are cover'd with*
*Thy sacred dew: protect them with thine influence.*

# À ESTRELA VESPERTINA

Anjo da tarde, de formosa cabeleira,
Agora que nos montes pousa o sol, acende
A tocha fúlgida do amor; põe radiante
Coroa, e a nós sorri no leito vespertino!
A nosso amor sorri! E, enquanto puxas no alto
As cortinas azuis, esparze o teu argênteo
Orvalho em cada flor que fecha os doces olhos
No sono, em tempo certo. E durma o vento oeste
Por sobre o lago. O teu piscar fale silêncio,
Lave à penumbra tua prata. Muito cedo
Te vais; então ao largo se enraivece o lobo,
E o leão dardeja nos negrores da floresta.
Nossos rebanhos trazem teu sagrado orvalho
Na lã; com a influência tua, vem, protege-os.

# SONG

*How sweet I roam'd from field to field*
*And tasted all the summer's pride,*
*Till I the Prince of Love beheld*
*Who in the sunny beams did glide!*

*He showed me lilies for my hair,*
*And blushing roses for my brow;*
*He led me through his gardens fair*
*Where all his golden pleasures grow.*

*With sweet May dews my wing were wet,*
*And Phoebus fired my vocal rage;*
*He caught me in his silken net,*
*And shut me in his golden cage.*

*He loves to sit and hear me sing,*
*Then, laughing, sports and plays with me;*
*Then stretches out my golden wing,*
*And mocks my loss of liberty.*

# CANÇÃO

De campo em campo errava eu docemente,
Provando todo o orgulho do verão,
Até que, a deslizar na luz do sol,
Do Príncipe do Amor tive a visão!

Mostrou-me lírios para meus cabelos,
Rosas coradas para minha testa;
Guiou-me pelos seus jardins formosos
Onde cultiva uma dourada festa.

Molha-me as asas do rocio de maio,
Febo me insufla o estro vocal que evola;[1]
Com sua rede de seda ele me apanha,
E no ouro prende-me de sua gaiola.

Agrada-lhe sentar-se e ouvir meu canto,
Depois brinca comigo, e zomba, e ri;
Depois, abrindo as asas minhas de ouro,
Mofa da liberdade que perdi.

# MAD SONG

*The wild winds weep,*
*And the night is a-cold;*
*Come hither, Sleep,*
*And my griefs enfold:*
*But lo! the morning peeps*
*Over the eastern steeps,*
*And the rustling birds of dawn*
*The earth do scorn.*

*Lo! to the vault*
*Of pavèd heaven,*
*With sorrow fraught*
*My notes are driven:*
*They strike the ear of night,*
*Make weep the eyes of day;*
*They make mad the roaring winds,*
*And the tempests play.*

*Like a fiend in a cloud*
*With howling woe,*
*After night I do crowd,*
*And with night will go;*
*I turn my back to the east,*

# CANÇÃO DEMENTE

A noite é muito fria,
Selvagem uiva o vento;
Vem, Sono, e me alivia
De tanto sofrimento:
Mas eis que espreita o sol nascente
Na escarpa do oriente,
E a passarada da aurora
À terra ignora.

Vê! Para a abóbada
Do céu pavimentado,
Repleto de tristeza
O meu canto é levado:
Umedece os olhos do dia,
Os ouvidos da noite invade,
Enlouquece a ventania...
E brinca a tempestade.

Qual diabo por nuvem coberto,
Com angústia ululante,
Sigo a noite de perto
E irei com ela adiante;
Volto as costas à aurora,

*From whence comforts have increas'd;*
*For light doth seize my brain*
*With frantic pain.*

De onde o consolo aflora,
Que a luz me agarra a mente
Com dor fremente.

# TO THE MUSES

*Whether on Ida's shady brow,*
*Or in the chambers of the East,*
*The chambers of the sun, that now*
*From ancient melody have ceas'd;*

*Whether in Heav'n ye wander fair,*
*Or the green corners of the earth,*
*Or the blue regions of the air,*
*Where the melodious winds have birth;*

*Whether on crystal rocks ye rove,*
*Beneath the bosom of the sea*
*Wand'ring in many a coral grove,*
*Fair Nine, forsaking Poetry!*

*How have you left the ancient love*
*That bards of old enjoy'd in you!*
*The languid strings do scarcely move!*
*The sound is forced, the notes are few!*

# ÀS MUSAS

Quer sobre os píncaros umbrosos de Ida,[2]
Quer nas luzentes câmaras da Aurora,
As câmaras do sol, onde sem vida
A antiga melodia jaz agora,

Quer formosas andeis no Céu a errar,
Quer da terra nos ângulos viçosos,
Quer nos recantos azulados do ar
Onde nascem os ventos melodiosos,

Quer divagueis por rochas de cristal,
Quer no seio do mar traceis a via
Por entre muitos bosques de coral,
Formosas Nove, sem a Poesia,

O antigo amor deixastes, que apreciaram
Em vós todos os bardos do passado!
Já quase as cordas lânguidas cessaram,
Poucas as notas são, o som forçado!

# FROM SONGS OF INNOCENCE

# DE CANÇÕES DA INOCÊNCIA

# *INTRODUCTION*

*Piping down the valleys wild*
*Piping songs of pleasant glee*
*On a cloud I saw a child,*
*And he laughing said to me,*

*"Pipe a song about a Lamb";*
*So I piped with merry chear;*
*"Piper, pipe that song again" —*
*So I piped, he wept to hear.*

*"Drop thy pipe thy happy pipe*
*Sing thy songs of happy chear";*
*So I sung the same again*
*While he wept with joy to hear.*

*"Piper, sit thee down and write*
*In a book that all may read" —*
*So he vanish'd from my sight.*
*And I pluck'd a hollow reed,*

*And I made a rural pen,*
*And I stain'd the water clear,*
*And I wrote my happy songs*
*Every child may joy to hear.*

# INTRODUÇÃO

A flautear em vale agreste,
A flautear canção feliz,
Das nuvens uma criança
Vem sorridente e me diz:

"Toca a canção de um Cordeiro!"
Toquei-a com alegria.
"Flautista, toca de novo."
Toquei: a chorar me ouvia.

"Deixa a flauta, a fácil flauta;
Canta os cantos de alegria."
Cantei tudo o que tocara;
De gozo a chorar me ouvia.

"Senta-te e escreve, flautista,
Num livro, a que possam ler."
E ela sumiu-me da vista:
E um junco então fui colher,

E fiz uma pena rude,
E manchei as águas mansas,
E escrevi minhas canções
Que hão de alegrar as crianças.

# THE LAMB

*Little Lamb, who made thee?*
*Dost thou know who made thee?*
*Gave thee life & bid thee feed,*
*By the stream & o'er the mead;*
*Gave thee clothing of delight,*
*Softest clothing wooly bright;*
*Gave thee such a tender voice,*
*Making all the vales rejoice!*
*Little Lamb, who made thee?*
*Dost thou know who made thee?*

*Little Lamb, I'll tell thee,*
*Little Lamb, I'll tell thee!*
*He is callèd by thy name.*
*For he calls himself a Lamb:*
*He is meek & he is mild,*
*He became a little child:*
*I a child & thou a lamb,*
*We are callèd by his name.*
*Little Lamb, God bless thee.*
*Little Lamb, God bless thee.*

# O CORDEIRO

Cordeirinho, quem te fez?
Tu não sabes quem te fez?
Deu-te vida e esse relvado
Junto aos arroios do prado?
Deu-te a lã clara e macia
Do manto que delicia?
E a terna voz com que bales,
A alegrar todos os vales?
Cordeirinho, quem te fez?
Tu não sabes quem te fez?

Cordeirinho, vou dizer-te.
Cordeirinho, vou dizer-te.
Teu próprio nome o proclama,
Pois Cordeiro ele se chama.
É figura meiga e mansa,
Que também se fez criança.
Tu, cordeirinho, e eu, menino,
Temos seu nome divino.
Cordeiro, Deus te abençoe.
Cordeiro, Deus te abençoe.

# THE LITTLE BLACK BOY

*My mother bore me in the southern wild,*
*And I am black, but O! my soul is white;*
*White as an angel is the English child,*
*But I am black, as if bereav'd of light.*

*My mother taught me underneath a tree,*
*And sitting down before the heat of day,*
*She took me on her lap and kissed me,*
*And pointing to the east, began to say:*

*"Look on the rising sun: there God does live,*
*And gives his light, and gives his heat away;*
*And flowers and trees and beasts and men receive*
*Comfort in morning, joy in the noonday.*

*"And we are put on earth a little space,*
*That we may learn to bear the beams of love,*
*And these black bodies and this sunburnt face*
*Is but a cloud, and like a shady grove.*

*"For when our souls have learn'd the heat to bear,*
*The cloud will vanish; we shall hear his voice,*
*Saying: 'Come out from the grove, my love & care,*
*And round my golden tent like lambs rejoice.' "*

# O NEGRINHO

No sul inóspito mamãe me deu à luz,
E eu sou preto, mas oh! a alma que tenho é branca;
Branca tal como um anjo é a criança inglesa,
Mas eu sou preto, como o que em negror se tranca.

Minha mãe me ensinava à sombra de grande árvore,
E, sentando-se à frente do calor do dia,
Tomava-me em seu colo e dava-me um beijinho,
E depois, indicando o leste, me dizia:

"Observa o sol nascente! É ali que mora Deus,
E irradia-nos luz, calor nos irradia;
Árvores, flores, animais e homens recebem
Consolo de manhã, prazer ao meio-dia.

"Somos postos na terra por um breve espaço,
Para que a luz do amor saibamos suportar;
E este rosto queimado e nossos corpos negros
São só uma nuvem, uma sombra no pomar.

"Quando soubermos suportar bem o calor,
A nuvem some, e Deus dirá: 'Vós, meu tesouro,
Deixai agora esse pomar, e quais cordeiros
Jubilai ao redor de minha tenda de ouro.'"

*Thus did my mother say, and kissed me;*
*And thus I say to little English boy:*
*When I from black and he from white cloud free,*
*And round the tent of God like lambs we joy,*

*I' ll shade him from the heat, till he can bear*
*To lean in joy upon our Father's knee;*
*And then I'll stand and stroke his silver hair,*
*And be like him, and he will then love me.*

Assim falava minha mãe, e me beijava;
E assim eu disse ao inglesinho: Quando eu for
Livre da nuvem negra, e ele da nuvem branca,
Quais cordeiros rodeando a tenda do Senhor,

Vou protegê-lo do calor que, alegre,
Nos joelhos do Pai aprenda a se apoiar;
E então vou afagar os cachos seus de prata,
E serei tal como ele, e a mim ele há de amar.

# THE BLOSSOM

*Merry, merry Sparrow!*
*Under leaves so green*
*A happy Blossom*
*Sees you swift as arrow*
*Seek your cradle narrow*
*Near my Bosom.*

*Pretty, pretty Robin!*
*Under leaves so green*
*A happy Blossom*
*Hears you sobbing, sobbing,*
*Pretty, pretty Robin,*
*Near my Bosom.*

# A FLORAÇÃO

Alegre, alegre Pardal!
Sob a folhagem tão verde,
Uma floração perfeita
Te vê, às flechas igual,
Buscar teu berço natal
Junto a meu peito.

Belo, belo Pintarroxo!
Sob a folhagem tão verde,
Uma floração perfeita
Ouve o teu soluço baixo,
Belo, belo Pintarroxo,
Junto a meu peito.

# THE CHIMNEY SWEEPER

*When my mother died I was very young,*
*And my father sold me while yet my tongue*
*Could scarcely cry "'weep! 'weep! 'weep! 'weep!'"*
*So your chimneys I sweep & in soot I sleep.*

*There's little Tom Dacre, who cried when his head*
*That curl'd like a lambs back, was shav'd, so I said,*
*"Hush, Tom! never mind it, for when your head's bare,*
*You know that the soot cannot spoil your white hair."*

*And so he was quiet, & that very night,*
*As Tom was a-sleeping he had such a sight!*
*That thousands of sweepers, Dick, Joe, Ned, & Jack,*
*Were all of them lock'd up in coffins of black;*

*And by came an Angel who had a bright key,*
*And he open'd the coffins & set them all free;*
*Then down a green plain, leaping, laughing they run,*
*And wash in a river and shine in the sun;*

*Then naked & white, all their bags left behind,*
*They rise upon clouds, and sport in the wind.*
*And the Angel told Tom, if he'd be a good boy,*
*He'd have God for his father & never want joy.*

# O LIMPA-CHAMINÉS

Ao morrer minha mãe, eu era criancinha;
E meu pai me vendeu quando ainda a língua minha
Dizia "vale-dor!" De "varredor" não fujo,[3]
Pois limpo chaminés, e sigo sempre sujo.

Chorou Tom Dacre ao lhe rasparem o cabelo,
Cacheado como um cordeirinho. E eu disse ao vê-lo:
"Não chores, Tom! Porque a fuligem não mais deve
Manchar, como antes, teu cabelo de neve."

E ele ficou quietinho; e nessa noite, então,
Enquanto ele dormia, teve uma visão:
Viu Dick, Joe, Ned e Jack – e mil colegas mais, —
Encerrados em negros caixões funerais.

E um anjo apareceu, com chave refulgente,
E abriu os seus caixões, soltando-os novamente;
E correm na verdura, a rir, para o arrebol,
E se banham num rio e reluzem ao sol.

Brancos e nus, sem mais sacolas e instrumentos,
Eis que sobem às nuvens, brincam sobre os ventos;
E esse Anjo disse a Tom que, se ele for bonzinho,
Terá Deus como pai, e todo o seu carinho.

*And so Tom awoke; and we rose in the dark*
*And got with our bags & our brushes to work.*
*Tho' the morning was cold, Tom was happy & warm;*
*So if all do their duty, they need not fear harm.*

E assim Tom despertou; e, antes do sol raiar,
Com sacolas e escovas fomos trabalhar.
Feliz, Tom nem sentia o frio matinal;
Quem cumpre o seu dever não teme nenhum mal.

# THE DIVINE IMAGE

*To Mercy, Pity, Peace, and Love,*
*All pray in their distress;*
*And to these virtues of delight*
*Return their thankfulness.*

*For Mercy, Pity, Peace, and Love,*
*Is God, our father dear:*
*And Mercy, Pity, Peace, and Love,*
*Is Man, his child and care.*

*For Mercy has a human heart,*
*Pity, a human face,*
*And Love, the human form divine,*
*And Peace, the human dress.*

*Then every man of every clime,*
*That prays in his distress,*
*Prays to the human form divine,*
*Love, Mercy, Pity, Peace.*

*And all must love the human form,*
*In heathen, Turk, or Jew.*
*Where Mercy, Love, & Pity dwell,*
*There God is dwelling too.*

# A IMAGEM DIVINA

Para Mercê, Piedade, Paz e Amor
Todos apelam na aflição;
E a essas grandes virtudes de deleite
Dão como paga a gratidão.

Porque Mercê, Piedade, Paz e Amor
São Deus, o nosso Pai amado;
E a Mercê, a Piedade, a Paz, o Amor
São o Homem, seu filho e cuidado.

Pois a Mercê tem coração humano,
Tem a Piedade humano rosto,
O Amor, a humana forma divinal,
E a Paz, enfim, a humana veste.

Todo homem, pois, de todos os quadrantes,
Que na aflição apelos faz,
Apela à humana forma divinal,
Amor, Mercê, Piedade, Paz.

Todos devem amar a forma humana,
Sejam pagãos, turcos, judeus;
Onde moram Mercê, Amor, Piedade,
Ali também mora Deus.

# *INFANT JOY*

*"I have no name:*
*I am but two days old."*
*What shall I call thee?*
*"I happy am*
*Joy is my name."*
*Sweet joy befall thee!*

*Pretty joy!*
*Sweet joy but two days old,*
*Sweet joy I call thee:*
*Thou dost smile,*
*I sing the while,*
*Sweet joy befall thee!*

# ALEGRIA INFANTIL

"Não tenho nome,
Tenho apenas dois dias."
Que nome então irei dar-te?
"eu sou feliz,
Já isso o diz."
Seja alegria a tua parte!

Bela alegria,
Doce alegria, de apenas dois dias!
Alegria irei chamar-te,
Sorris enquanto
Feliz eu canto:
Seja alegria a tua parte!

# FROM SONGS OF EXPERIENCE

# DE CANÇÕES DA EXPERIÊNCIA

# *INTRODUCTION*

*Hear the voice of the Bard!*
*Who Present, Past, & Future sees;*
*Whose ears have heard*
*The Holy Word*
*That walk'd among the ancient trees,*

*Calling the lapsèd Soul*
*And weeping in the evening dew;*
*That might control*
*The starry pole,*
*And fallen, fallen light renew!*

*"O Earth, O Earth, return!*
*Arise from out the dewy grass;*
*Night is worn,*
*And the morn*
*Rises from the slumberous mass.*

*"Turn away no more;*
*Why wilt thou turn away?*
*The starry floor*
*The wat'ry shore*
*Is giv'n thee till the break of day."*

# INTRODUÇÃO

Ouvi a voz do Bardo!
O Ontem, o Hoje, o Amanhã leva consigo!
Ele ouviu o anunciado
Pelo Verbo Sagrado,
Que caminhou pelo pomar antigo,

A chorar e a chamar
Sobre o orvalho da noite a alma perdida;
Que pode controlar
Até o polo estelar,
E também renovar a luz caída![4]

"Retorna, oh Terra, agora![5]
Deixa a relva orvalhada em que tu dormes;
A noite vai-se embora,
E já desponta a aurora
Das massas sonolentas e disformes.

"Não vás mais te afastar.
Por que alguém como tu se afastaria?
Todo o chão estelar,
Toda a costa do mar
Hão de ser teus até que rompa o dia."

# EARTH'S ANSWER

*Earth rais'd up her head,*
*From the darkness dread & drear.*
*Her light fled:*
*( Stony dread! )*
*And her locks cover'd with grey despair.*

*"Prison'd on wat'ry shore*
*Starry Jealousy does keep my den,*
*Cold and hoar*
*Weeping o'er*
*I hear the Father of the ancient men.*

*"Selfish father of men*
*Cruel, jealous, selfish fear!*
*Can delight*
*Chain'd in night*
*The virgins of youth and morning bear?*

*"Does spring hide its joy*
*When buds and blossoms grow?*
*Does the sower*
*Sow by night,*
*Or the plowman in darkness plow?*

# A RESPOSTA DA TERRA

Sua fronte do negror
A Terra ergueu, negror tétrico e triste;
Fugiu o seu fulgor
(É de pedra o pavor!),
E angústia cinza em seu cabelo existe.

"Prisioneira do mar,
Guarda o Ciúme Estelar o meu reduto;
Sentindo o frio polar,
Grisalha, a lamentar,
O Pai de Homens Antigos ora escuto.

"Pai de Homens egoísta!
Temor ciumento, tão cruel e rude!
Suportam um deleite
Que à noite se sujeite
As virgens da manhã, da juventude?

"Não ri a primavera
Ao ver a florescência ou o botão?
Acaso o semeador
Semeia quando é noite,
Ou lavra o lavrador na escuridão?

*"Break this heavy chain*
*That does freeze my bones around;*
*Selfish! vain!*
*Eternal bane!*
*That free Love with bondage bound."*

"Rompe o duro grilhão
Que me envolve e que os ossos me congela!
Sempre egoísta e vão!
Eterna maldição
Que o livre Amor à servitude atrela."

# THE CLOD & THE PEBBLE

*"Love seeketh not Itself to please,*
*Nor for itself hath any care;*
*But for another gives its ease,*
*And builds a Heaven in Hell's despair."*

*So sang a little Clod of Clay,*
*Trodden with the cattle's feet;*
*But a Pebble of the brook,*
*Warbled out these metres meet:*

*"Love seeketh only Self to please,*
*To bind another to its delight;*
*Joys in another's loss of ease,*
*And builds a Hell in Heaven's despite."*

# O TORRÃO E O SEIXO

"O Amor jamais a si quer contentar,
Não tem cuidado algum com o que é seu;
Sacrifica por outro o bem-estar,
E, a despeito do Inferno, erige um Céu."

Esse era o canto de um Torrão de Terra,
Pisado pelas patas da boiada;
Mas um Seixo, nas águas do regato,
Modulava esta métrica adequada:

"O Amor somente a si quer contentar,
Atar alguém ao próprio gozo eterno;
Sorri quando o outro perde o bem-estar,
E, a despeito do Céu, ergue um Inferno."

# *THE CHIMNEY SWEEPER*

*A little black thing among the snow*
*Crying "weep, weep," in notes of woe!*
*"Where are thy father & mother? say?"*
*"They are both gone up to the church to pray.*

*"Because I was happy upon the heath,*
*And smil'd among the winter's snow,*
*They clothèd me in the clothes of death,*
*And taught me to sing the notes of woe.*

*"And because I am happy, & dance & sing,*
*They think they have done me no injury,*
*And are gone to praise God & His Priest & King,*
*Who make up a heaven of our misery."*

# O LIMPA-CHAMINÉS

Na neve há um pontinho bem negro que vai
E diz "varre-dor!" com os tons do pesar!
"Responde: onde estão tua mãe e teu pai?"
"Os dois foram juntos à Igreja rezar.

"Como entre os espinhos mostrei que era forte,
E ria no inverno, entre a neve a tombar,
Vestiram a mim com as vestes da morte,
E a mim ensinaram os tons do pesar.

"E, como feliz eu cantei e dancei,
Acharam que tudo comigo é pilhéria;
E louvam a Deus e Seu Padre e Seu Rei,
Que formam um Céu com a nossa miséria."

# THE SICK ROSE

*O Rose, thou art sick!*
*The invisible worm*
*That flies in the night*
*In the howling storm*

*Has found out thy bed*
*Of crimson joy,*
*And his dark secret love*
*Does thy life destroy.*

# A ROSA DOENTE

Oh rosa, estás doente!
O verme que se aventa
Invisível à noite
Nos uivos da tormenta

Encontrou o teu leito
De prazer carmesim;
E seu escuro amor secreto
À tua vida põe fim.

# THE TYGER

*Tyger! Tyger! burning bright*
*In the forests of the night,*
*What immortal hand or eye*
*Could frame thy fearful symmetry?*

*In what distant deeps or skies*
*Burnt the fire of thine eyes?*
*On what wings dare he aspire?*
*What the hand, dare seize the fire?*

*And what shoulder, & what art,*
*Could twist the sinews of thy heart?*
*And when thy heart began to beat,*
*What dread hand? & what dread feet?*

*What the hammer? what the chain?*
*In what furnace was thy brain?*
*What the anvil? what dread grasp*
*Dare its deadly terrors clasp?*

*When the stars threw down their spears,*
*And water'd heaven with their tears,*
*Did he smile his work to see?*
*Did he who made the Lamb make thee?*

# O TIGRE

Tigre, tigre, flamante fulgor,
Nas florestas de denso negror,
Que olho imortal, que mão poderia
Te moldar a feroz simetria?

Em que altura ou abismo sem par[6]
Ardeu o fogo de teu olhar?
Com quais asas sobe ele ao que clama?
Quais as mãos que seguram a chama?[7]

Qual ombro poderia, ou qual arte,
Essas fibras do peito forjar-te?
E, ao pulsar desse teu coração,
Que pés horrendos, que horrenda mão?[8]

Qual o martelo? Qual a corrente?
Que fornalha fundiu tua mente?
Qual bigorna? Os punhos são quais,
Que atenazam terrores mortais?

Quando os astros, inermes de espanto,
Salpicam os céus com seu pranto,
Por acaso sorriu teu obreiro?
Quem te fez, fez também o Cordeiro?

*Tyger! Tyger! burning bright*
*In the forests of the night,*
*What immortal hand or eye*
*Dare frame thy fearful symmetry?*

Tigre, tigre, flamante fulgor
Nas florestas de denso negror,
Que olho imortal, que mão ousaria
Te moldar a feroz simetria?

# AH SUN-FLOWER

*Ah Sun-flower! weary of time,*
*Who countest the steps of the Sun,*
*Seeking after that sweet golden clime*
*Where the traveller's journey is done;*

*Where the Youth pined away with desire,*
*And the pale Virgin shrouded in snow,*
*Arise from their graves and aspire,*
*Where my Sun-flower wishes to go.*

# AH! GIRASSOL

Ah! Girassol, do tempo cansado,
Tu que medes do Sol a passagem,
À procura do clima dourado
Onde finda o viandante a viagem!

Aonde a Moça em mortalha de neve,
Aonde o Jovem que ardeu por amar
Sonham, vindos da tumba, ir em breve, —
Lá o meu Girassol quer chegar.[9]

# *THE GARDEN OF LOVE*

*I went to the Garden of Love,*
*And saw what I never had seen:*
*A Chapel was built in the midst,*
*Where I used to play on the green.*

*And the gates of this Chapel were shut,*
*And "Thou shalt not" writ over the door;*
*So I turn'd to the Garden of Love,*
*That so many sweet flowers bore,*

*And I saw it was filled with graves,*
*And tomb-stones where flowers should be:*
*And Priests in black gowns were walking their rounds,*
*And binding with briars my joys & desires.*

# O JARDIM DO AMOR

Eu fui ao Jardim do Amor,
E vi algo jamais avistado:
No centro havia uma Capela,
Onde eu brincava no relvado.

Tinha os portões fechados, e "Proibido"
Era a legenda sobre a porta escrita.
Voltei-me então para o Jardim do Amor,
Que outrora dera tanta flor bonita,

E vi que estava cheio de sepulcros,
E muitas lápides em vez de flores;
E em negras vestes hediondas os Padres faziam rondas,
E atavam com nó espinhoso meus desejos e meu gozo.

# *THE LITTLE VAGABOND*

*Dear mother, dear mother, the Church is cold,*
*But the Ale-house is healthy & pleasant & warm;*
*Besides I can tell where I am used well,*
*Such usage in Heaven will never do well.*

*But if at the Church they would give us some ale,*
*And a pleasant fire our souls to regale,*
*We'd sing and we'd pray all the live-long day,*
*Nor ever once wish from the Church to stray.*

*Then the Parson might preach, & drink, & sing,*
*And we'd be as happy as birds in the spring;*
*And modest Dame Lurch, who is always at church,*
*Would not have bandy children, nor fasting, nor birch.*

*And God, like a father rejoicing to see*
*His children as pleasant and happy as He,*
*Would have no more quarrel with the Devil or the barrel,*
*But kiss him, & give him both drink and apparel.*

# O PEQUENO VAGABUNDO

Oh mãe querida, mãe querida, a Igreja é fria,
Mas doce e quente e boa é a Cervejaria;
Onde há bom trato ao certo sei dizer esperto,
E esse trato no Céu jamais irá dar certo.

Mas se dessem cerveja a nós lá na Igreja,
E uma doce fogueira, às almas benfazeja,
Cantar e orar se iria quanto é longo o dia,
E da Igreja ninguém jamais se afastaria.

O Padre então rezar, beber, cantar pudera,
Quais pássaros seríamos na primavera;
E teria a Ilusão, na Igreja em prontidão,
Prole mais forte, sem jejum e sem bastão.

E, como um pai radiante ao ver os filhos seus
Contentes e felizes tal como Ele, Deus,
Concedendo quartel ao Diabo, ou ao tonel,
Dar-lhe-ia um beijo, e mais bebida, e mais burel.

# *LONDON*

*I wander thro' each charter'd street,*
*Near where the charter'd Thames does flow,*
*And mark in every face I meet*
*Marks of weakness, marks of woe.*

*In every cry of every Man,*
*In every Infant's cry of fear,*
*In every voice, in every ban,*
*The mind-forg'd manacles I hear.*

*How the Chimney-sweeper's cry*
*Every blackning Church appalls;*
*And the hapless Soldier's sigh*
*Runs in blood down Palace walls.*

*But most thro' midnight streets I hear*
*How the youthful Harlot's curse*
*Blasts the new-born Infant's tear,*
*And blights with plagues the Marriage hearse.*

# LONDRES

Em cada rua escriturada em que ando,
Onde o Tâmisa escriturado passa,[10]
Eu nos rostos que encontro vou notando
Os sinais da doença e da desgraça.

Ouço nos gritos que os adultos dão,
E nos gritos de medo do inocente,
Em cada voz, em cada interdição,
As algemas forjadas pela mente.[11]

Se o Limpa-Chaminés acaso grita,
Assusta a Igreja escura pelos anos;
Se o Soldado suspira de desdita,
O sangue mancha os muros palacianos.

Mas o que mais à meia-noite é ouvido
É a rameira a lançar praga fatal,
Que estanca o pranto do recém-nascido
E empesteia a mortalha conjugal.

# THE HUMAN ABSTRACT

*Pity would be no more,*
*If we did not make somebody poor;*
*And Mercy no more could be,*
*If all were as happy as we;*

*And mutual fear brings Peace,*
*Till the selfish loves increase;*
*Then Cruelty knits a snare,*
*And spreads his baits with care.*

*He sits down with holy fears,*
*And waters the grounds with tears;*
*Then Humility takes its root*
*Underneath his foot.*

*Soon spreads the dismal shade*
*Of Mystery over his head;*
*And the Catterpiller and Fly*
*Feed on the Mystery.*

*And it bears the fruit of Deceit,*
*Ruddy and sweet to eat;*
*And the raven his nest has made*
*In its thickest shade.*

# O ABSTRATO HUMANO

A Piedade jamais iria além,
Se pobre não fizéssemos alguém;
Nem da Mercê se correria empós,
Fossem todos felizes como nós.

Quem traz a Paz é o medo mútuo apenas,
Quando ainda as invejas são pequenas;
Depois a Crueldade lança um laço armado,
E espalha as suas iscas com cuidado.

Ela se assenta com temores santos
E rega o chão com prantos;
Então deita a Humildade sua raiz
Debaixo de seus pés.

Logo esta com horrível sombra
Do Mistério a cabeça recobre;
E a mosca, assim como a lagarta,
No Mistério se farta.

Nasce o fruto do Engano de sua flor,
Vermelho e doce no sabor;
E o corvo na sua sombra mais escura
O ninho seu pendura.

*The Gods of the earth and sea*
*Sought thro' Nature to find this tree,*
*But their search was all in vain:*
*There grows one in the Human Brain.*

Os Deuses que governam terra e mar
Tentaram aquela árvore encontrar,
Mas foi vã sua busca pelos anos...
Uma cresce nos cérebros humanos.

# *INFANT SORROW*

*My mother groan'd! my father wept.*
*Into the dangerous world I leapt:*
*Helpless, naked, piping loud,*
*Like a fiend hid in a cloud.*

*Struggling in my father's hands,*
*Striving against my swaddling-bands,*
*Bound and weary I thought best*
*To sulk upon my mother's breast.*

# TRISTEZA INFANTIL

Meu pai chorou e minha mãe gemeu:
No mundo perigoso vejo-me eu,
A esganiçar-me, nu, desamparado,
Qual demônio por nuvem ocultado.

Nas mãos do pai brigando prisioneiro,
Batendo-me co'as faixas do cueiro,
Atado e exausto, achei que o menor mal
Era amuar no peito maternal.

# A POISON TREE

*I was angry with my friend:*
*I told my wrath, my wrath did end.*
*I was angry with my foe:*
*I told it not, my wrath did grow.*

*And I water'd it in fears,*
*Night & morning with my tears;*
*And I sunnèd it with smiles,*
*And with soft deceitful wiles.*

*And it grew both day and night,*
*Till it bore an apple bright.*
*And my foe beheld it shine,*
*And he knew that it was mine,*

*And into my garden stole,*
*When the night had veil'd the pole;*
*In the morning glad I see*
*My foe outstretch'd beneath the tree.*

# UMA ÁRVORE DE VENENO

Zanguei-me com meu amigo:
A ira cessou, e a digo.
Com o inimigo zanguei-me:
A ira cresceu, eu calei-me.

E a reguei de alma sombria
Com meu pranto noite e dia;
E a expus ao sol de gentis
Risos e falsos ardis.

E cresceu noite e manhã,
Dando luzente maçã;
Ao ver o brilho que tinha,
E sabendo que era minha,

Veio o inimigo ao pomar
Após a noite tombar.
Bem cedo o vi, com agrado,
Ao pé da árvore estirado.

# FROM THE "ROSSETTI" MANUSCRIPT

# DO MANUSCRITO "ROSSETTI"

# *I SAW A CHAPEL ALL OF GOLD*

*I saw a Chapel all of gold*
*That none did dare to enter in,*
*And many weeping stood without,*
*Weeping, mourning, worshipping.*

*I saw a Serpent rise between*
*The white pillars of the door,*
*And he forc'd & forc'd & forc'd,*
*Down the golden hinges tore,*

*And along the pavement sweet,*
*Set with pearls & rubies bright,*
*All his slimy length he drew,*
*Till upon the altar white,*

*Vomiting his poison out*
*On the Bread & on the Wine.*
*So I turn'd into a sty*
*And laid me down among the swine.*

# VI UMA CAPELA TODA DE OURO

Vi uma Capela toda de ouro;
Ninguém passava os seus umbrais;
Muitos lá fora em pé choravam,
Com orações e prantos e ais.

Vi levantar-se entre os pilares
Brancos da porta uma Serpente;
Após forçar, forçar, forçar,
Rompe ela os gonzos de ouro à frente,

E pelo chão que recamavam
Rubis e contas a brilhar,
Toda a extensão viscosa arrasta,
Até chegar ao branco altar,

E lá vomita o seu veneno
Por sobre o Vinho e o Pão divinos.
Voltei-me então para um chiqueiro,
E me deitei entre os suínos.

# *I ASKED A THIEF*

*I asked a thief to steal me a peach:*
*He turned up his eyes.*
*I ask'd a lithe lady to lie her down:*
*Holy & meek she cries.*

*As soon as I went an angel came:*
*He wink'd at the thief*
*And smil'd at the dame,*
*And without one word spoke*
*Had a peach from the tree,*
*And 'twixt earnest & joke*
*Enjoy'd the Lady.*

# PEDI A UM LADRÃO

Pedi a um ladrão que me roubasse um pêssego:
Olhos ao céu levanta.
Pedi os favores de graciosa dama:
Chora suave e santa.

Então veio um anjo ao ver-me indo embora:
Piscou ao ladrão,
Sorriu à senhora.
E tem mudo o gozo
Da fruta que quer,
E sério e jocoso[12]
Possui a mulher.

# (SCOFFERS)

*Mock on, mock on, Voltaire, Rousseau:*
*Mock on, mock on: 'tis all in vain!*
*You throw the sand against the wind,*
*And the wind blows it back again.*

*And every sand becomes a gem*
*Reflected in the beams divine;*
*Blown back they blind the mocking eye,*
*But still in Israel's paths they shine.*

*The atoms of Democritus*
*And Newton's particles of light*
*Are sands upon the Red sea shore,*
*Where Israel's tents do shine so bright.*

# (MOFADORES)

Zombai, zombai, Voltaire, Rousseau![13]
Zombai, zombai: tudo, porém, em vão!
Vós atirais a areia contra o vento,
E o vento a sopra em vossa direção.

E cada areia torna-se uma gema
Refletida nos raios divinais;
Sopradas, cegam o olho zombador,
Mas nas trilhas de Israel cintilam mais.

Tanto os átomos de Demócrito
Quanto as partículas de luz de Newton são[14]
Areias onde, junto ao Mar Vermelho,
Fulgem as tendas de Israel com tal clarão.

# FROM THE AUGURIES OF INNOCENCE

# DE AUGÚRIOS DA INOCËNCIA[15]

*To see a World in a grain of sand*
*And a Heaven in a wild flower,*
*Hold Infinity in the palm of your hand*
*And Eternity in an hour.*

*A robin redbreast in a cage*
*Puts all Heaven in a rage...*
*A dog starv'd at his master's gate*
*Predicts the ruin of the state...*
*Each outcry of the hunted hare*
*A fibre from the brain does tear.*
*A skylark wounded in the wing,*
*A cherubim does cease to sing...*
*Every wolf's and lion's howl*
*Raises from Hell a human soul.*
*The wild deer, wandering here and there,*
*Keeps the human soul from care.*
*The lamb misus'd breeds public strife,*
*And yet forgives the butcher's knife...*
*A truth that's told with bad intent*
*Beats all the lies you can invent.*
*It is right it should be so;*
*Man was made for joy and woe;*
*And when this we rightly know,*
*Thro' the world we safely go...*
*The questioner, who sits so sly,*
*Shall never know how to reply...*

Ver todo um Mundo num grão
E um Céu em ramo que enflora
É ter o Infinito na palma da mão
E a Eternidade numa hora.

Um tordo rubro engaiolado
Deixa o Céu inteiro irado...
Um cão com dono e esfaimado
Prediz a ruína do estado...
Ao grito da lebre caçada
Da mente uma fibra é arrancada.
Ferida na asa a cotovia,
Um querubim seu canto silencia...
A cada uivo de lobo e de leão
Uma alma humana encontra a redenção.
O gamo selvagem acalma,
A errar por aí, a nossa alma.
Se gera discórdia o judiado cordeiro,
Perdoa a faca do açougueiro...
A verdade com mau intuito
Supera a mentira de muito.
É justo que assim deva ser:
É do homem a dor e o prazer;
Depois que isso aprendemos fundo,
Seguros podemos sair pelo mundo...
O inquiridor, que astuto se posta,
Jamais saberá a resposta...

*A riddle or the cricket's cry*
*Is to doubt a fit reply...*
*He who doubts from what he sees*
*Will ne'er believe, do what you please.*
*If the sun and moon should doubt,*
*They'd immediately go out.*
*To be in a passion you good may do,*
*But no good if a passion is in you...*
*Every night and every morn*
*Some to misery are born.*
*Every morn and every night*
*Some are born to sweet delight.*
*Some are born to sweet delight,*
*Some are born to endless night.*
*We are led to believe a lie*
*When we see not thro' the eye,*
*Which was born in a night to perish in a night*
*When the soul slept in beams of light.*
*God appears & God is light*
*To those poor souls who dwell in night,*
*But does a human form display*
*To those who dwell in realms of day.*

O grito do grilo ou uma charada
À dúvida dão resposta adequada...
Quem duvida daquilo que vê
Jamais crerá, sem como e porquê.
Se duvidassem, sol e lua
Apagariam a luz sua.
Soltar tua ira pode ser um bem,
Mas bem nenhum quando a ira te retém...
Toda manhã e todo entardecer
Alguém para a miséria está a nascer.
Em toda tarde e toda manhã linda
Uns nascem para o doce gozo ainda.
Uns nascem para o doce gozo ainda,
Outros nascem para uma noite infinda.
Passamos na mentira a acreditar
Quando não vemos através do olhar,
Que uma noite nos traz e outra deduz
Quando a alma dorme mergulhada em luz.
Deus aparece e Deus é luz amada
Para almas que na noite têm morada,
Mas com a forma humana se anuncia
Para as que vivem nas regiões do dia.

# FROM THE FRENCH REVOLUTION

## (BOOK I: VERSES 1–15)

# DE A REVOLUÇÃO FRANCESA

## (LIVRO I: VERSOS 1-15)

*The dead brood over Europe, the cloud and vision descends*
*[over cheerful France;*
*O cloud well appointed! Sick, sick, the Prince on his couch,*
*[wreath'd in dim*
*And appalling mist, his strong hand outstretch'd, from his*
*[shoulder down the bone*
*Runs aching cold into the sceptre, too heavy for mortal grasp,*
*[no more*
*To be swayed by visible hand, nor in cruelty bruise the mild*
*[flourishing mountains.*
*Sick the mountains, and all their vineyards weep, in the eyes*
*[of the kingly mourner;*
*Pale is the morning cloud in his visage. Rise, Necker! the*
*[ancient dawn calls us*
*To awake from slumbers of five thousand years. I awake, but*
*[my soul is in dreams;*
*From my window I see the old mountains of France, like aged*
*[men, fading away.*

*Troubled, leaning on Necker, descends the King to his chamber*
*[of council; shady mountains*
*In fear utter voices of thunder; the woods of France embosom*
*[the sound;*
*Clouds of wisdom prophetic reply, and roll over the palace roof*
*[heavy.*
*Forty men, each conversing with woes in the infinite shadows*
*[of his soul,*

Os mortos pairam sobre a Europa, sobre a alegre França caem
[a nuvem e a visão.
Oh nuvem providencial! Doente, doente, o Príncipe em seu
[leito, envolto em névoa escura
E medonha, sua forte mão estendida. Frio doloroso lhe percorre
[os ossos
Do ombro até o cetro, pesado em excesso para um punho
[mortal, e que não mais
Por mão visível será brandido, nem na crueldade irá machucar
[as montanhas que florescem novamente.
Doentes as montanhas, e suas vinhas todas choram, aos olhos
[do real pranteador;
Pálida em seu rosto a nuvem da manhã. Ergue-te, Necker![16]
[A antiga alvorada nos chama
De torpores de cinco mil anos. Desperto, mas minh'alma está
[em sonhos;
Vejo de minha janela que as velhas montanhas da França,
[como homens idosos, fenecem.

Perturbado, apoiando-se em Necker, desce o Rei para a sala do
[conselho; montanhas umbrosas
Lançam com medo vozes de trovão; os bosques da França
[recolhem o som;
Nuvens de sabedoria respondem proféticas, rolando pesadas
[sobre o teto do palácio.
Quarenta homens, a dialogar com mágoas nas sombras infinitas
[de suas almas,

*Like our ancient fathers in regions of twilight, walk, gathering*
*[round the King;*
*Again the loud voice of France cries to the morning; the*
*[morning prophecies to its clouds.*

Como nossos pais antigos em regiões crepusculares, caminham,
[reunidos à volta do Rei;
Novamente a estrondosa voz da França está a gritar para a
[manhã; a manhã profetiza para as suas nuvens.

# FROM THE MARRIAGE OF HEAVEN AND HELL

# DE O CASAMENTO DO CÉU E DO INFERNO

# *THE ARGUMENT*

*Rintrah roars & shakes his fires in the burdened air;*
*Hungry clouds swag on the deep.*

*Once meek, and in a perilous path,*
*The just man kept his course along*
*The vale of death.*
*Roses are planted where thorns grow,*
*And on the barren heath*
*Sing the honey bees.*

*Then the perilous path was planted,*
*And a river, and a spring,*
*On every cliff and tomb;*
*And on the bleached bones*
*Red clay brought forth;*

*Till the villain left the paths of ease,*
*To walk in perilous paths, and drive*
*The just man into barren climes.*

*Now the sneaking serpent walks*
*In mild humility,*
*And the just man rages in the wilds*
*Where lions roam.*

# O ARGUMENTO

Rintras ruge e sacode suas chamas pelo ar carregado;[17]
Nuvens famintas sobre o abismo pendem.

Dócil outrora, e numa senda perigosa,
O homem justo mantinha seu curso
Ao longo do vale da morte.
Plantam-se rosas onde crescem espinhos,
E sobre a estéril charneca
Zumbem as abelhas melíferas.

Então foi plantada a senda perigosa;
E um rio e uma nascente
Em cada penhasco e tumba;
E sobre os ossos esbranquiçados
Criou-se a argila vermelha;

Até que o vilão deixou as sendas do bem-estar
E foi trilhar as sendas perigosas, impelindo
O justo para os climas áridos.

Agora a insinuante serpente se arrasta
Em doce humildade,
Enquanto o justo se enraivece nos ermos
Onde vagam os leões.[18]

*Rintrah roars & shakes his fires in the burdened air;*
*Hungry clouds swag on the deep.*

*As a new heaven is begun, and it is now thirty-three years since its advent, the Eternal Hell revives. And lo! Swedenborg is the Angel sitting at the tomb; and his writings are the linen clothes folded up. Now is the dominion of Edom, & the return of Adam into Paradise; see Isaiah XXXIV & XXXV Chap.*

*Without Contraries is no progression. Attraction and Repulsion, Reason and Energy, Love and Hate, are necessary to Human existence.*

*From these contraries spring what the religious call Good & Evil Good is the passive that obeys Reason. Evil is the active springing from Energy.*

*Good is Heaven. Evil is Hell.*

Rintras ruge e sacode suas chamas pelo ar carregado;
Nuvens famintas sobre o abismo pendem.

Assim como um novo céu teve início, — e se passaram agora trinta e três anos[19] desde seu advento, — assim revive o Inferno Eternal. E eis! Swedenborg é o Anjo assentado no sepulcro: os seus escritos são as vestes de linho dobradas. Agora é a soberania do Edom[20], e o retorno de Adão ao Paraíso. Ver Isaías, Caps. XXXIV e XXXV.

Sem Contrários não há progressão. A Atração e a Repulsa, a Razão e a Energia, o Amor e o Ódio são necessários à existência humana.

Desses contrários emerge o que os religiosos chamam o Bem e o Mal. O Bem é o passivo que obedece à Razão. O Mal é o ativo que nasce da Energia.

O Bem é o Céu. O Mal é o Inferno.

# THE VOICE OF THE DEVIL

*All Bibles or sacred codes have been the causes of the following Errors:*

1. *That Man has two real existing principles; Viz: a Body & a Soul.*
2. *That Energy, calld Evil, is alone from the Body, & that Reason, called Good, is alone from the Soul.*
3. *That God will torment Man in Eternity for following his Energies.*

*But the following Contraries to these are True:*

1. *Man has no Body distinct from his Soul; for that calld Body is a portion of Soul discerned by the five Senses, the chief inlets of Soul in this age.*
2. *Energy is the only life, and is from the Body; and Reason is the bound or outward circumference of Energy.*
3. *Energy is Eternal Delight.*

---

*Those who restrain desire, do so because theirs is weak enough to be restrained; and the restrainer or reason usurps its place & governs the unwilling.*

# A VOZ DO DEMÔNIO

Todas as Bíblias, ou códigos sagrados, têm sido as causas dos seguintes Erros:

1. Que o Homem tem dois princípios reais de existência, ou seja, um Corpo e uma Alma.
2. Que a Energia, chamada o Mal, provém apenas do corpo; e que a Razão, chamada o Bem, provém apenas da Alma.
3. Que Deus atormentará o Homem por toda a Eternidade, se seguir as suas Energias.

Mas os seguintes Contrários é que são a Verdade:

1. O Homem não possui um Corpo distinto da Alma, pois aquilo que chamamos Corpo é somente uma parcela da Alma discernida pelos cinco Sentidos, os principais canais de comunicação da Alma neste estágio.
2. A Energia é a única vida, e deriva do Corpo; e a Razão é o limite, ou circunferência externa, da Energia.
3. A Energia é o Eterno Prazer.

---

Os que refreiam o desejo fazem isso porque o deles é suficientemente fraco para ser refreado; e o refreador, ou razão, usurpa o seu lugar e governa os inapetentes.

*And being restraind, it by degrees becomes passive, till it is only the shadow of desire.*

*The history of this is written in Paradise Lost, & the Governor or Reason is call'd Messiah.*

*And the original Archangel or possessor of the command of the heavenly host, is calld the Devil or Satan, and his children are call'd Sin & Death.*

*But in the Book of Job, Milton's Messiah is call'd Satan.*

*For this history has been adopted by both parties.*

*It indeed appear'd to Reason as if Desire was cast out; but the Devil's account is, that the Messiah fell, & formed a heaven of what he stole from the Abyss.*

*This is shewn in the Gospel, where he prays to the Father to send the comforter or Desire that Reason may have Ideas to build on; the Jehovah of the Bible being no other than he who dwells in flaming fire.*

*Know that after Christ's death, he became Jehovah.*

*But in Milton, the Father is Destiny, the Son, a Ratio of the five senses, & the Holy-ghost, Vacuum!*

*Note. The reason Milton wrote in fetters when he wrote of Angels & God, and at liberty when of Devils & Hell, is because he was a true Poet and of the Devil's party without knowing it.*

E o desejo, ao ser refreado, vai aos poucos se apassivando, até que se torna apenas a sombra do desejo.

A história desse fato vem relatada no Paraíso Perdido; e o Governante, ou Razão, é chamado Messias.

E o Arcanjo original, ou o dono do comando das hostes celestiais, é chamado Demônio ou Satã; e seus filhos são chamados de Pecado e Morte.

Mas, no Livro de Jó, o Messias de Milton se chama Satã.

Pois essa história tem sido adotada por ambos os lados.

Na verdade, pareceu à Razão que o Desejo tinha sido expulso; mas, na versão do Demônio, foi o Messias quem tombou, formando um céu com o que surripiara do Abismo.

É o que se mostra no Evangelho, no episódio em que ele suplica ao Pai que envie o confortador, ou Desejo, para que a Razão possa ter ideias sobre as quais construir21; sendo que outro não é o Jeová da Bíblia que aquele que mora nas chamas ardentes.

Sabei que, após a morte de Cristo, ele se tornou Jeová.

Mas, em Milton, o Pai é o Destino; o Filho, a Somatória dos cinco Sentidos; e o Espírito Santo, o Vácuo!

Nota: A razão por que Milton se sentiu em grilhões quando escreveu sobre Anjos e Deus, e em liberdade quando sobre Demônios e o Inferno, é que ele era um Poeta de verdade, e do lado do Demônio, embora não o soubesse.

# PROVERBS OF HELL

*In seed time learn, in harvest teach, in winter enjoy.*

*Drive your cart and your plow over the bones of the dead.*

*The road of excess leads to the palace of wisdom.*

*Prudence is a rich ugly old maid courted by Incapacity.*

*He who desires but acts not, breeds pestilence.*

*The cut worm forgives the plow.*

*Dip him in the river who loves water.*

*A fool sees not the same tree that a wise man sees.*

*He whose face gives no light, shall never become a star.*

*Eternity is in love with the productions of time.*

*The busy bee has no time for sorrow.*

*The hours of folly are measur'd by the clock; but of wisdom, no clock can measure.*

*All wholsom food is caught without a net or a trap.*

*Bring out number, weight & measure in a year of dearth.*

*No bird soars too high, if he soars with his own wings.*

*A dead body revenges no injuries.*

*The most sublime act is to set another before you.*

*If the fool would persist in his folly he would become wise.*

*Folly is the cloke of knavery.*

*Shame is Pride's cloke.*

# PROVÉRBIOS DO INFERNO

No tempo da semeadura, aprende; na colheita, ensina; no inverno, desfruta.

Conduz teu carro e teu arado por sobre os ossos dos mortos.

A estrada do excesso leva ao palácio da sabedoria.

A Prudência é uma solteirona rica e feia, cortejada pela Impotência.

Quem deseja, mas não age, gera pestilência.

O verme partido perdoa ao arado.

Mergulha no rio quem gosta de água.

O tolo não vê a mesma árvore que o sábio.

Aquele, cujo rosto não se ilumina, jamais há de ser uma estrela.

A Eternidade anda apaixonada pelas produções do tempo.

A abelha atarefada não tem tempo para tristezas.

As horas de loucura são medidas pelo relógio; mas nenhum relógio mede as de sabedoria.

Os alimentos sadios não são apanhados com armadilhas ou redes.

Toma do número, do peso e da medida em ano de escassez.

Nenhum pássaro se eleva muito, se se eleva com as próprias asas.

Um cadáver não vinga as injúrias.

O ato mais sublime é colocar outro diante de ti.

Se o louco persistisse em sua loucura, acabaria se tornando sábio.

A loucura é o manto da velhacaria.

O manto do orgulho é a vergonha.

*Prisons are built with stones of Law, Brothels with bricks of Religion.*

*The pride of the peacock is the glory of God.*

*The lust of the goat is the bounty of God.*

*The wrath of the lion is the wisdom of God.*

*The nakedness of woman is the work of God.*

*Excess of sorrow laughs. Excess of joy weeps.*

*The roaring of lions, the howling of wolves, the raging of the stormy sea, and the destructive sword, are portions of eternity too great for the eye of man.*

*The fox condemns the trap, not himself.*

*Joys impregnate. Sorrows bring forth.*

*Let man wear the fell of the lion, woman the fleece of the sheep.*

*The bird a nest, the spider a web, man friendship.*

*The selfish, smiling fool & the sullen, frowning fool shall be both thought wise, that they may be a rod.*

*What is now proved was once only imagin'd.*

*The rat, the mouse, the fox, the rabbit watch the roots; the lion, the tyger, the horse, the elephant, watch the fruits.*

*The cistern contains: the fountain overflows.*

*One thought fills immensity.*

*Always be ready to speak your mind, and a base man will avoid you.*

*Every thing possible to be believ'd is an image of truth.*

*The eagle never lost so much time as when he submitted to learn of the crow.*

*The fox provides for himself, but God provides for the lion.*

*Think in the morning, Act in the noon, Eat in the evening, sleep in the night.*

As Prisões se constroem com as pedras da Lei; os Bordéis, com os tijolos da Religião.

O orgulho do pavão é a glória de Deus.

A luxúria do bode é a bondade de Deus.

A fúria do leão é a sabedoria de Deus.

A nudez da mulher é a obra de Deus.

O excesso de tristeza ri; o excesso de alegria chora.

O rugir dos leões, o uivar dos lobos, o furor do mar tempestuoso e a espada destruidora são fragmentos de eternidade grandes demais para os olhos humanos.

A raposa condena a armadilha, não a si própria.

Os júbilos fecundam. As tristezas geram.

Que o homem use a pele do leão; a mulher, a lã da ovelha.

O pássaro, um ninho; a aranha, uma teia; o homem, a amizade.

O sorridente tolo egoísta e o melancólico tolo carrancudo serão ambos julgados sábios para que sejam flagelos.

O que hoje se prova, outrora era apenas imaginado.

A ratazana, o camundongo, a raposa, o coelho olham as raízes; o leão, o tigre, o cavalo, o elefante olham os frutos.

A cisterna contém; a fonte derrama.

Um só pensamento preenche a imensidão.

Dize sempre o que pensas, e o homem torpe te evitará.

Tudo o que se pode acreditar já é uma imagem da verdade.

A águia nunca perdeu tanto o seu tempo como quando resolveu aprender com a gralha.

A raposa provê para si, mas Deus provê para o leão.

De manhã, pensa; ao meio-dia, age; no entardecer, come; de noite, dorme.

*He who has suffered you to impose on him knows you.*

*As the plow follows words, so God rewards prayers.*

*The tygers of wrath are wiser than the horses of instruction.*

*Expect poison from the standing water.*

*You never know what is enough unless you know what is more than enough.*

*Listen to the fools reproach! it is a kingly title!*

*The eyes of fire, the nostrils of air, the mouth of water, the beard of earth.*

*The weak in courage is strong in cunning.*

*The apple tree never asks the beech how he shall grow, nor the lion the horse, how he shall take his prey.*

*The thankful receiver bears a plentiful harvest.*

*If others had not been foolish, we should be so.*

*The soul of sweet delight can never be defil'd.*

*When thou seest an Eagle, thou seest a portion of Genius; lift up thy head!*

*As the catterpiller chooses the fairest leaves to lay her eggs on, so the priest lays his curse on the fairest joys.*

*To create a little flower is the labour of ages.*

*Damn braces: Bless relaxes.*

*The best wine is the oldest, the best water the newest.*

*Prayers plow not! Praises reap not!*

*Joys laugh not! Sorrows weep not!*

*The head Sublime, the heart Pathos, the genitals Beauty, the hands & feet Proportion.*

Quem permitiu que dele te aproveitasses, esse te conhece.

Assim como o arado vai atrás de palavras, assim Deus recompensa orações.

Os tigres da ira são mais sábios que os cavalos da instrução.

Da água estagnada espera veneno.

Nunca se sabe o que é suficiente até que se saiba o que é mais que suficiente.

Ouve a reprovação do tolo! É um elogio soberano!

Os olhos, de fogo; as narinas, de ar; a boca, de água; a barba, de terra.

O fraco na coragem é forte na esperteza.

A macieira jamais pergunta à faia como crescer; nem o leão, ao cavalo, como apanhar sua presa.

Ao receber, o solo grato produz abundante colheita.

Se outros não fossem tolos, nós teríamos que ser.

A essência do doce prazer jamais pode ser maculada.

Ao veres uma Águia, vês uma parcela da Genialidade. Levanta a cabeça!

Assim como a lagarta escolhe as mais belas folhas para deitar os seus ovos, assim o sacerdote lança a sua maldição sobre as alegrias mais belas.

Criar uma florzinha é o labor de séculos.

A maldição aperta. A bênção afrouxa.

O melhor vinho é o mais velho; a melhor água, a mais nova.

Orações não aram! Louvores não colhem!

Júbilos não riem! Tristezas não choram!

A cabeça, o Sublime; o coração, o Sentimento; os genitais, a Beleza; as mãos e os pés, a Proporção.

*As the air to a bird or the sea to a fish, so is contempt to the contemptible.*

*The crow wish'd every thing was black, the owl that every thing was white.*

*Exuberance is Beauty.*

*If the lion was advised by the fox, he would be cunning.*

*Improvement makes strait roads, but the crooked roads without Improvement are roads of Genius.*

*Sooner murder an infant in its cradle than nurse unacted desires.*

*Where man is not, nature is barren.*

*Truth can never be told so as to be understood, and not be believ'd.*

*Enough! or Too much.*

---

*The Giants who formed this world into its sensual existence, and now seem to live in it chains, are in truth the causes of its life & the sources of all activity; but the chains are the cunning of weak and tame minds which have power to resist energy; according to the proverb, the weak in courage is strong in cunning.*

*Thus one portion of being is the Prolific, the other, the Devouring: to the Devourer it seems as if the producer was in his chains; but it is not so, he only takes portions of existence and fancies that the whole.*

*But the Prolific would cease to be Prolific unless the Devourer as a sea received the excess of his delights.*

Como o ar para o pássaro ou o mar para o peixe, assim é o desprezo para o desprezível.

A gralha gostaria que tudo fosse preto; a coruja, que tudo fosse branco.

A Exuberância é a Beleza.

Se o leão fosse aconselhado pela raposa, seria ardiloso.

O Progresso constrói estradas retas; mas as estradas tortuosas, sem o Progresso, são estradas da Genialidade.

Melhor matar uma criança no berço que acalentar desejos insatisfeitos.

Onde o homem não está, a natureza é estéril.

A verdade nunca pode ser dita de modo a ser compreendida sem ser acreditada.

É suficiente! ou Basta.

---

Os Gigantes que deram existência sensível a este mundo, e que agora parecem viver nele em grilhões, são na verdade as causas da vida e as fontes de toda atividade. Mas os seus grilhões são a esperteza das mentes fracas e domesticadas, que têm o poder de resistir à energia; pois, de acordo com o provérbio, o fraco na coragem é forte na esperteza.

Assim, uma parcela do ser é o Prolífico; a outra, o Devorante. Ao Devorador parece que aquele que produz está em grilhões; mas não é bem assim, visto que ele apenas apreende porções da existência e confunde-as com o todo.

O Prolífico, porém, deixaria de ser Prolífico, se o Devorador, como um mar, não mais recebesse o excesso de suas delícias.

*Some will say, "Is not God alone the Prolific?" I answer, "God only Acts & Is, in existing beings or Men."*

*Those two classes of men are always upon earth, & they should be enemies; whoever tries to reconcile them seeks to destroy existence.*

*Religion is an endeavour to reconcile the two.*

*Note. Jesus Christ did not wish to unite but to separate them, as in the Parable of sheep and goats! & he says, "I came not to send Peace but a Sword."*

*Messiah or Satan or Tempter was formerly thought to be one of the Antediluvians who are our Energies.*

***OPPOSITION is true Friendship***

*A Memorable Fancy*

*Once I saw a Devil in a flame of fire, who arose before an Angel that sat on a cloud, and the Devil uttered these words:*

*"The worship of God is, Honouring his gifts in other men, each according to his genius, and loving the greatest men best; those who envy or calumniate great men hate God, for there is no other God."*

*The Angel hearing this became almost blue; but mastering himself, he grew yellow, & at last white, pink, & smiling, and then replied:*

*"Thou idolater, is not God One? & is not he visible in Jesus Christ? and has not Jesus Christ given his sanction to the law of ten commandments? and are not all other men fools, sinners, & nothings?"*

Alguns dirão: "Mas não é somente Deus o Prolífico?" E eu respondo: "Deus apenas age e é nos seres existentes, que são os Homens".

Esses dois tipos de homens sempre existiram sobre a Terra, e devem ser inimigos. Quem tenta reconciliá-los procura destruir a existência.

A Religião é uma tentativa de reconciliar os dois.

Nota: Jesus Cristo não quis uni-los, mas separá-los — como na Parábola das Ovelhas e das Cabras! E ele declara: "Não vim para trazer Paz, mas uma Espada".

O Messias — ou Satã, ou Tentador — era considerado antigamente um dos Antediluvianos, que são nossas Energias.

**OPOSIÇÃO é a verdadeira Amizade.**

*Uma Fantasia Memorável*

Uma vez avistei um Demônio numa língua de fogo, que se elevou até um Anjo assentado numa nuvem. E o Demônio proferiu estas palavras:

"A adoração de Deus consiste em honrar os seus dons em outros homens, segundo a genialidade de cada um, dedicando-se maior amor aos maiores homens. Os que invejam ou caluniam os grandes homens odeiam a Deus; pois não existe outro Deus".

O Anjo, ao ouvir isso, tornou-se quase azul; mas, recompondo-se, ficou amarelo e, por fim, branco e rosa; e, então, sorridente, respondeu:

"Idólatra! Deus não é único? E não é visível em Jesus Cristo? E Jesus Cristo não sancionou a lei dos dez mandamentos? E não são todos os outros homens loucos, pecadores e nulidades?"

*The Devil answer'd: "Bray a fool in a mortar with wheat, yet shall not his folly be beaten out of him; if Jesus Christ is the greatest man, you ought to love him in the greatest degree; now hear how he has given his sanction to the law of ten commandments: did he not mock at the sabbath, and so mock the sabbath's God? murder those who were murderd because of him? turn away the law from the woman taken in adultery? steal the labour of others to support him? bear false witness when he omitted making a defence before Pilate? covet when he pray'd for his disciples, and when he bid them shake off the dust of their feet against such as refused to lodge them? I tell you, no virtue can exist without breaking these ten commandments. Jesus was all virtue, and acted from impulse, not from rules".*

*When he had spoken, I beheld the Angel, who stretched out his arms, embracing the flame of fire, & he was consumed and arose as Elijah.*

*ONE Law for the Lion & Ox is Oppression.*

Retrucou o Demônio: "Tritura um imbecil numa argamassa com trigo, e mesmo assim a sua imbecilidade não será expelida. Se Jesus Cristo é o maior dos homens, deverias dedicar-lhe o máximo amor. Ouve agora como ele sancionou a lei dos dez mandamentos: não desprezou ele o sábado, desprezando assim o Deus do sábado? não matou os que foram mortos por sua causa? não desviou a lei da mulher apanhada em adultério? não roubou o trabalho dos outros para que o sustentassem? não deu falso testemunho ao omitir sua defesa perante Pilatos? não cobiçou quando orou por seus discípulos e lhes pediu que sacudissem o pó de suas sandálias diante dos que se negavam a recebê-los? Pois eu te digo: nenhuma virtude pode existir sem a quebra desses dez mandamentos. Jesus era todo virtude, e agia por impulso, não por regras".

Depois que ele assim havia falado, eis que o Anjo, estendendo os braços e enlaçando a língua de fogo, foi consumido, e ascendeu como Elias.

UMA só Lei para o Leão e o Touro é Opressão.

# FROM MILTON

# DE
# MILTON

# AND DID THOSE FEET IN ANCIENT TIME?

*And did those feet in ancient time*
*Walk upon England's mountains green?*
*And was the holy Lamb of God*
*On England's pleasant pastures seen?*

*And did the Countenance Divine*
*Shine forth upon our clouded hills?*
*And was Jerusalem builded here,*
*Among these dark Satanic Mills?*

*Bring me my Bow of burning gold:*
*Bring me my Arrows of desire:*
*Bring me my Spear: O clouds, unfold!*
*Bring me my Chariot of fire!*

*I will not cease from Mental Fight,*
*Nor shall my Sword sleep in my hand,*
*Till we have built Jerusalem*
*In England's green and pleasant land.*

# SEUS PÉS JÁ CAMINHARAM NO PASSADO?

E pelos verdes montes da Inglaterra
Seus pés já caminharam no passado?
Nos aprazíveis prados da Inglaterra
O Cordeiro de Deus foi avistado?[22]

E o Semblante Divino iluminou
As névoas destes morros e caminhos?
Jerusalém foi construída em meio
A estes negros Satânicos Moinhos?[23]

Trazei meu arco de ouro em fogos vivos!
Trazei a minha flecha do desejo!
Minha lança trazei! Nuvens, abri-vos!
Trazei o carro ardente onde pelejo!

Minha espada não vai dormir na mão,
Nem no campo mental eu cesso a guerra,
Até erguermos enfim Jerusalém
Nesta verde e aprazível Inglaterra.

# FROM JERUSALEM

# DE JERUSALÉM

# (INVOCATION: CHAPTER I)

*Of the Sleep of Ulro! and of the passage through*
*Eternal Death! and of the awaking to Eternal Life.*
*This theme calls me in sleep night after night, & ev'ry*
*morn*
*Awakes me at sun-rise, then I see the Saviour*
*over me*
*Spreading his beams of love, & dictating the words of this*
*mild song.*
*"Awake! Awake O sleeper of the land of shadows, wake!*
*Expand!*
*I am in you and you in me, mutual in love divine:*
*Fibres of love from man to man thro Albions pleasant*
*land.*
*In all the dark Atlantic vale down from the hills of*
*Surrey*
*A black water accumulates, return Albion! Return!*
*Thy brethren call thee, and thy fathers, and thy sons,*
*Thy nurses and thy mothers, thy sisters and thy daughters*
*Weep at thy souls disease, and the Divine Vision is*
*darkend:*
*Thy Emanation that was wont to play before thy*
*face,*

# (A INVOCAÇÃO DO CAPÍTULO I)

Do Sono de Ulro! e da passagem através da
Eterna Morte! e do despertar para a Vida Eterna.

Este o tema que noite após noite me convoca no no sono, e cada manhã
Me desperta ao raiar do sol. Então avisto o Salvador sobre mim,
A esparzir os seus raios de amor e a ditar as palavras desta doce canção.

"Desperta! Desperta! Oh tu que dormes na terra das sombras, acorda! Expande-te!
Estou em ti e estás em mim, em mútuo amor divinal:
Fibras de amor de um humano por outro, na terra deleitosa de Álbion.
Em todo o escuro vale do Atlântico, para baixo das colinas de Surrey.[24]
Uma água negra se acumula. Retorna, Álbion! Retorna!
Chamam por ti teus irmãos, e teus pais, e teus filhos.
Tuas amas e tuas mães, tuas filhas e tuas irmãs
Choram pela enfermidade de tua alma. E a Divina Visão se escurece.
A tua Emanação, que exibia os seus folguedos perante tua face,[25]

*Beaming forth with her daughters into the Divine bosom —*
*Where hast thou hidden thy Emanation, lovely Jerusalem,*
*From the vision and fruition of the Holy-one?*
*I am not a God afar off, I am a brother and friend;*
*Within your bosoms I reside, and you reside in me:*
*Lo! we are One; forgiving all Evil; Not seeking recompense!*
*Ye are my members O ye sleepers of Beulah, land*
*of shades!"*

Regozijando-se com suas filhas do Divino seio...
A tua Emanação onde a ocultaste, a adorável Jerusalém?
Onde a ocultaste da visão e do fruir do Todo-Santo?
Eu não sou um Deus distante, sou um irmão e um amigo;
Dentro de vossos peitos resido, e vós residis em mim:
Eis! Somos Um, a perdoar todo Mal, sem esperar recompensa!
Sois os meus membros, oh vós que dormis em Beúlas, a terra
das sombras!"

*But the perturbed Man away turns down the valleys*
*dark,*
*Saying: "We are not One: we are Many, thou most simulative*
*Phantom of the over heated brain! shadow of*
*immortality!*
*Seeking to keep my soul a victim to thy Love! which binds*
*Man and the enemy of man into deceitful*
*friendships:*
*Jerusalem is not! her daughters are indefinite:*
*By demonstration man alone can live, and not by faith.*

*My mountains are my own, and I will keep them to myself:*
*The Malvern and the Cheviot, the Wolds, Plinlimmon &*
*Snowdon*
*Are mine; here will I build my Laws of Moral*
*Virtue!*
*Humanity shall be no more: but war & princedom &*
*victory!"*

*So spoke Albion in jealous fears, hiding his*
*Emanation*
*Upon the Thames and Medway, rivers of Beulah: dissembling*
*His jealousy before the throne divine, darkening, cold!*

*The banks of the Thames are clouded! the ancient porches of*
*Albion are*
*Darken'd! they are drawn thro' unbounded space, scatter'd*
*upon*

O Homem, porém, perturbado se afasta, a descer para os vales
escuros,
Dizendo: "Não somos Um; somos Muitos, oh enganosa Aparição, cria-
da pelo cérebro incendiado! Sombra de
imortalidade,
Que não quer perder minh'alma, vítima do teu amor! Que prende
O homem ao próprio inimigo do homem por meio de ilusórias
amizades!
Jerusalém não mais existe! Suas filhas são indefinidas:
Somente pelo raciocínio o homem pode viver, e não pela fé.

As minhas montanhas são minhas, e para mim vou guardá-las:
Os montes Malvem e os Cheviots, os Wolds, Plinlimmon e
Snowdon[26]
São meus. Aqui, sobre eles, construirei minhas Leis de Virtude
Moral!
Não mais haverá a humanidade: apenas a guerra e o poder e a
vitória!"

Assim falou Álbion, com ciosos temores, escondendo a sua
Emanação
Sobre o Tâmisa e o Medway, rios de Beúlas, dissimulando
Seu ciúme diante do trono divino, gelado, sombrio!

As nuvens recobrem as margens do Tâmisa! Os antigos pórticos
de Álbion
Se escurecem! São arrastados através do espaço infinito,
espalhados

*The Void in incoherent despair! Cambridge & Oxford & London,*
*Are driven among the starry Wheels, rent away and dissipated,*
*In Chasms & Abysses of sorrow, enlarg'd without dimension, terrible.*
*Albions mountains run with blood, the cries of war & of tumult*
*Resound into the unbounded night, every Human perfection*

*Of mountain & river & city, are small & wither'd & darken'd.*
*Cam is a little stream! Ely is almost swallowed up!*
*Lincoln & Norwich stand trembling on the brink of Udan-Adan!*
*Wales and Scotland shrink themselves to the west and to the north!*
*Mourning for fear of the warriors in the Vale of Entuthon -Benython:*
*Jerusalem is scattered abroad like a cloud of smoke thro' non-entity:*
*Moab & Ammon & Amalek & Canaan & Egypt & Aram*
*Receive her little-ones for sacrifices and the delights of cruelty.*

*Trembling I sit day and night, my friends are astonish'd at me.*

Pelo Vácuo, em desespero incoerente! Cambridge e Oxford e
Londres
São levadas com os Anéis estelares, espedaçadas e
disseminadas
Em Penhascos e Abismos de dor, ampliados sem dimensão,
terríveis.
Corre o sangue pelas montanhas de Álbion, os gritos de guerra
e tumulto
Ressoam na noite que não tem limite; e toda perfeição humana,

Montanhas, torrentes e cidades ficaram pequenas e secas e
escuras.
Cam é um simples regato! O rio Ely foi quase engolido!
Os centros de Lincoln e Norwich tremem às margens do lago
Údan-Ádan![27]

Gales e a Escócia se encolhem, na direção do ocidente e do
norte,
A chorar por temor dos guerreiros no Vale de Entúton
-Beníton!
Qual nuvem de fumo, Jerusalém ficou espalhada pelo
não ser:
Moabe e Amão e Amaleque e Canaã e o Egito e Arã
Recebem os seus filhos pequenos para os sacrifícios e os
deleites da crueldade.

Trêmulo permaneço dia e noite; meus amigos ficam espantados

*Yet they forgive my wanderings, I rest not from my*
*great task!*
*To open the Eternal Worlds, to open the immortal Eyes*
*Of Man inwards into the Worlds of Thought:*
*into Eternity*
*Ever expanding in the Bosom of God, the*
*Human Imagination.*

Mas perdoam o meu divagar, pois não posso afastar-me da
grande tarefa!
A tarefa de abrir os Mundos Eternos, de abrir a Visão Imortal
Do Homem para os Mundos interiores de seu Pensamento:
para a Eternidade
Em contínua expansão no Seio de Deus: para a
Imaginação Humana.

# NOTAS

1 Febo, ou Apolo, "insufla o estro vocal" da personagem porque aparece aqui em sua condição de deus da beleza e das artes.

2 O Monte Ida, que não deve ser confundido com uma elevação homônima da ilha de Creta, situava-se na antiga Frígia, região a noroeste da atual Turquia.

3 Naquela época, os limpa-chaminés apregoavam os seus serviços pelas ruas gritando "Sweep! Sweep!" — o que, em português, equivaleria provavelmente ao brado "Varredor!" Como o narrador do poema era ainda muito criança, tinha dificuldade em pronunciar aquela palavra, transformando-a em "'weep!' 'weep!'" ("chora! chora!"), numa espécie de ironia inconsciente a respeito de sua triste condição. Para captar pelo menos em parte essas conotações, a tradução substituiu o termo "varredor" por "vale-dor", que reproduz a pronúncia infantil e ressalta, ao mesmo tempo, a ideia de dor ou sofrimento.

4 Este verso demonstra que o Deus do Velho Testamento se considera capaz não só de redimir a descendência de Adão e Eva ("a alma perdida"), mas também de reconquistar Lúcifer, a "luz caída".

5 O apelo que Jeová faz aqui é rejeitado no poema "Earth's Answer" ("A Resposta da Terra"), que, nas Canções da Experiência, vem imediatamente após a "Introdução". Esse poema, escrito um ano e meio antes de Blake iniciar a composição do volume, não reflete, entretanto, toda a complexidade das questões políticas e religiosas levantadas na "Introdução", confinando o problema exclusivamente à opressão sexual, como o leitor poderá constatar.

6 Para alguns críticos a referência a "distant deeps or skies" ("em que altura ou abismo") insinua que o Cristo representado pelo Tigre transcende tanto o Céu quanto o Inferno. Essa interpretação, todavia, conflita com a identificação do Tigre com a Energia Primitiva e com o Inferno, sobre a qual se assenta todo o poema. Em meu entender, a alusão ao Céu, possivelmente oriunda de uma necessidade imposta pela rima ("skies-eyes"), não compromete de forma alguma tal identificação, mesmo porque está inserida numa simples pergunta, devidamente acompanhada de uma conjunção alternativa.

7 Há, nestes versos, possíveis alusões a dois grandes rebeldes contra a Divindade, ou seja, Satã ("Com quais asas sobe ele ao que clama?") e Prometeu, que roubou o fogo sagrado do Olimpo ("Quais as mãos que seguram a chama?").

8 Ao fazer a revisão do poema, o autor suprimiu a estrofe que dava sequência a esta indagação, deixando-a truncada. Tal fragmentação, contudo, acabou reforçando a dramaticidade do texto: tão grande é o impacto emocional causado pela presença do Tigre, que chega a impedir o fluxo normal do pensamento.

9 A compreensão deste poema é dificultada por sua sintaxe obscura. Como observa F. W. Bateson, em Selected Poems of William Blake (p. 127), a palavra "where" significa em que ou onde no 4º verso, e para onde no 5º e no 8º versos. Na tradução, procuramos eliminar certas redundâncias a fim de tornar mais claro o sentido da segunda estrofe.

10 O termo "chartered" sugere não apenas que as ruas e o próprio Tâmisa foram "escriturados", ou registrados oficialmente no mapa da cidade pelos órgãos públicos, mas também que foram cedidos para usufruto de alguns privilegiados, dentro de uma organização social estruturada para oprimir os indivíduos. Infelizmente, devido às diferenças com nosso contexto histórico e cultural, não nos foi possível captar com um só termo esses matizes.

11 F. W. Bateson, já mencionado na nota nº9 (op. cit., p. 126), afirma, com base em versões anteriores do poema, que o sentido correto de "mind-forged manacles" deve ser "algemas forjadas para a mente". Em minha opinião, porém, a tradução "algemas forjadas pela mente" é a única que se coaduna com as normas gramaticais da língua inglesa, além de refletir melhor o desprezo de Blake pelas limitações que a Razão (ou a "mente") impõe à Energia Criadora.

12 O verso "And 'twixt earnest & joke" ("Entre sério e jocoso") aparece, em algumas edições, com a variante "And still as a maid" ("E quieto como uma donzela"). Nesse caso, a rima se faz com "said" em lugar de "spoke" ("And without one word said").

13 Blake considera Voltaire e Rousseau, apesar das diferenças entre eles, como representantes do racionalismo que condena. A ambos contrapõe a energia primitiva, simbolizada no poema pelas "tendas de Israel".

14 O filósofo grego Demócrito desenvolveu a teoria de que o universo é composto de átomos, enquanto Newton apresentou a hipótese de a luz ser formada por minúsculas partículas de matéria.

15 O título Augúrios da Inocência não se mostra adequado ao poema. Pode, quando muito, ser aplicado com alguma propriedade aos quatro versos iniciais. Na verdade, esta obra nada mais é que uma sequência de ditados relacionados com a Razão e a Energia, o Devorador e o Prolífico, à maneira dos Provérbios do Inferno. Como a qualidade dos dísticos e o seu conteúdo não variam muito, selecionamos apenas alguns deles. Os cortes no texto são indicados por reticências.

16 Blake refere-se a Jacques Necker, famoso ministro da economia do rei Luís XVI de França.

17 A exemplo de outras figuras mitológicas de Blake, que encarnam a Energia — como Orc e Los —, também Rintrah (Rintras) parece associar-se às imagens do fogo e da forja. Como vários exegetas já acentuaram, ele desempenha aqui um papel correspondente ao de Elias no Velho Testamento; ou ao de João Batista no Evangelho, clamando no deserto e anunciando a Redenção.

18 Apesar da obscuridade de alguns pormenores, é óbvio que "O Argumento", poema introdutório de O Casamento do Céu e do Inferno, apresenta um resumo da história da humanidade, desde a criação de Adão e Eva ("Dócil outrora..."), passando pela vida de Jesus Cristo ("Então foi plantada a senda perigosa"), até a transformação do cristianismo em religião oficial e em instrumento de opressão ("Até que o vilão deixou as sendas do bem-estar"), o que provoca enfim a indignação do homem justo e o seu anseio de revolução ("o justo se enraivece nos ermos").

19 Emmanuel Swedenborg havia predito que o Juízo Final e o início de uma nova era ocorreriam em 1757 — por coincidência, o ano em que Blake nasceu. Escrevendo em 1790, o poeta estava com trinta e três anos, a idade de Cristo ao morrer. Por isso, neste trecho, ele ironiza Swedenborg, apresentando-se como o profeta da ressurreição, a anunciar a chegada do Inferno Eternal em oposição ao Novo Céu do místico sueco.

20 Edom, no plano político, representa a França e os seus ideais revolucionários.

21 Provável alusão ao Evangelho de São João, Cap. XIV, vv. 16-17: "E eu rogarei ao Pai, e ele vos dará outro Consolador, a fim de que esteja sempre convosco o Espírito da verdade, que o mundo não pode receber porque não o vê nem o conhece".

22 Em que pese às opiniões divergentes, os pés que "caminharam no passado" "pelos verdes montes da Inglaterra" são, conforme indica a expressão "Cordeiro de Deus" na mesma estrofe, os de Jesus Cristo, que, segundo uma antiga lenda, teria visitado o país, logo após a Ressurreição, na companhia de José de Arimateia.

23 Sejam ele "moinhos de água", "moinhos de vento", ou simplesmente "moinhos manuais", os "negros Satânicos Moinhos" simbolizam a industrialização e o racionalismo mecânico e cerebral, males que o poeta procurava combater.

24 As águas do Atlântico, relacionadas com a cor negra, são aqui simbólicas do Caos e da opressão de Ulro, o último estágio da

desintegração em que se encontram a Inglaterra e a Humanidade, representadas por Álbion.

25 Este verso contém uma alusão às palavras da Sabedoria em Provérbios, Cap. VIII, vv. 22-36. Por aí já se pode perceber a complexidade e a profundidade do simbolismo em torno de Jerusalém, Emanação de Álbion.

26 Esses nomes são todos conhecidas elevações do relevo britânico.

27 O lago de Údan-Ádan, no deserto do Entúton-Beníton (citado mais abaixo), possui aqui praticamente o mesmo valor simbólico que as águas do Atlântico, objeto da nota nº 24.

# BIBLIOGRAFIA

ADAMS, H. Blake and Yeats: The Contrary Vision. Ithaca: Cornell University Press, 1955.

BATESON, F. W. Selected Poems of William Blake. London: Heinemann, 1976.

BLUNT, Antony. The Art of William Blake. New York: Columbia University Press, 1959.

BRONOWSKI, J. A Man Without a Mask. London: Penguin Books, 1954.

DIGBY, George W. Symbol and Image in William Blake. Oxford: The Clarendom Press, 1957.

ERDMAN, David V. Blake: Prophet Against Empire. Princeton: Princeton University Press, 1954.

ERDMAN, David V.; BLOOM, Harold. The Poetry and Prose of William Blake. New York, 1965.

FRYE, Northrop. Fearful Symmetry: A Study of William Blake. Princeton: Princeton University Press, 1947.

HILLYER, Robert S. The Complete Poetry and Selected Prose of John Donne and Complete Poetry of William Blake. New York: The Modern Library, 1941.

RAINE, K. William Blake. London: Writers and their Work Series — Longmans for the British Council, 1965.

WILSON, Mona. The Life of William Blake. London: Hart-Davis, 1948.